戸谷洋志

メタバースの哲学

Philosophy of Metaverse

講談社

メタバースの哲学　目次

メタバースの哲学

はじめに

二〇二二年、政府は「経済財政運営と改革の基本方針」のなかで、「社会課題の解決に向けた取組」として、東京一極集中を是正し、地域の活性化に取り組む必要があると述べている。その一環として、デジタル基盤を利用して地域の課題解決に取り組む自治体に交付金を支給する、「デジタル田園都市国家構想」と呼ばれるプロジェクトが提示されている。そしてその構想を実現するための手段として、「メタバース」による利用拡大が検討されている。この文書のなかで、メタバースは次のように定義されている。

コンピューターやコンピュータネットワークの中に構築された、現実世界とは異なる3次元の仮想空間やそのサービス。[*1]

二〇二二年は、メタバースの社会的認知が一挙に広まった年だった。前年に、マーク・ザッカーバーグCEOがFacebookという創業以来の社名を「Meta」に変更し、メタバース事業の開発への本格的なコミットメントを表明した。それに引き続くようにして、メタバースに関する書籍や研究が相次いで発表されていった。「メタバース」は、二〇二二年のユーキャン新語・流行語大賞にもノミネートされた。

その投機熱にも似た議論の盛り上がりは、いったん落ち着いてきたようにも見える。しかし、メタバースが単なるバズワードとして忘れ去られるようには思えない。デジタル田園都市国家構想では、実際にメタバースを活用した地方自治体のプロジェクトが実施されている。総務省が二〇二二年に発表した「情報通信白書」によれば、メタバースの世界的な市場規模は二〇三〇年には年間八〇兆円近くになると予測されている。[*2] そして、Meta社はもちろん、競合するApple社も、二〇二四年に独自のヘッドマウント・ディスプレイを発売した。

そもそも私たちは、仮想空間という「もう一つの現実」を生きてみたい、という欲望を、ずっと昔から抱き続けているように思える。それは、二〇世紀のサイエンスフィクションの世界で、仮想空間がテーマとして好んで繰り返し題材とされていたことからも、明らかである。その欲望は、一朝一夕に、近年になって突如出現したものではないのだ。

本書がこれから述べるように、完全なメタバースはまだこの世界に存在しない。現状においては、どのプラットフォームも一定の課題を抱えている。それがどんな用途に適しているのか、何の役に立つのかも、はっきりと理解されていない。そうであるにもかかわらず、私たちはメタバースがこの世界を変えると思っている。仮想空間で生きることが、人類が達成するべき素晴らしい夢であるかのように語られている。

それはいったいなぜなのだろうか。そしてメタバースは、本当にその夢を叶えてくれるのだろうか。それとも、その夢をむしろ頓挫《とんざ》させ、私たちを失望させることになるのだろうか。

こうした問いに対して、哲学の観点から一つの回答を示すことが、本書の目的である。

もっとも、すべての人がメタバースに夢を見ているわけではない。むしろそれを、人類にとっての悪夢であると見なす識者もいる。

政府の定義でも示されているように、メタバースの重要な特徴の一つは、それが「3次元」で構成された仮想空間である、ということだ。そうした空間の体験を支えているのは、「バーチャル・リアリティ（Virtual Reality：VR）」の技術である。現在のメタバースにおいて一般的なのは、ヘッドマウント・ディスプレイを頭にかぶせ、外部の視覚情報を完全に遮断した状態で、ＶＲ映像を視聴することである。それによって、あたかも自分が実際にその映像のなかにいるかのように感じ、強い没入感を味わうことができる。

VRにとって重要なのは、外部の情報を完全に遮断する、ということである。そうでなければ、仮想空間に没入することはできないからだ。しかし、そのとき私たちは物理空間に関する感覚を抱けなくなってしまう。この意味において、メタバースを利用するユーザーは、物理空間から強制的に切断されてしまう。

「Pokémon GO」を制作したNiantic社のCEOであるジョン・ハンケは、こうした特徴をもつメタバースを「ディストピアの悪夢」[*3]と形容し、次のように述べる。

　メタバースはわれわれを、人間として根源的な幸福を感じるものから引き離してしまいます。人間は身体をもち、それを通じて世界を体験するように生物学的に進化を遂げてきました。われわれがこのところ多くの時間を過ごし、コロナのためにいっそうその弊害を受けているテクノロジーの世界は、健康に悪いものです。[*4]

ハンケによれば、人間の「根源的な幸福」は、あくまでも物理空間における体験に根差したものでなければならない。しかし、メタバースはそうした体験を人々から奪う。したがってそれは人間を不幸にするテクノロジーであり、「悪夢」なのである。

　こうした批判に対して、シリコンバレーの著名な投資家であるマーク・アンドリーセンは、次のように反論している。たしかに、人間の幸福にとって物理空間での体験は重要かも知れない。しかし、「それは現実の世界で本当に面白い場所に住んでいる人にしか当てはまらない」ことである。

しかし、毎朝起きて「面白いものがたくさんある」と思える場所に住んでいる人は、地球上に一パーセントどころか、〇・一パーセントもいません。ですから、大学のキャンパスやシリコンバレー、その他の大都市に住んでいない人たちにとって、VRでつくることのできる新しい環境は、本質的にもっと面白いものになるはずです。*5

物理空間での体験が人間の根源的な幸福である、と考えることができるのは、その人がそうした幸福な場所に住んでいるからだ。しかしこの世界には、そうした幸福がおよそ得られないような場所もあるのであり、むしろそうした場所の方が圧倒的に多い。だからこそ、そうした場所に住む人々にとって、メタバースはより多くの幸福をもたらすことができる。アンドリーセンは、このような観点から、メタバースを擁護する。

日本のメタバース・プラットフォーム「cluster」を運営する会社でCEOを務める加藤直人も、同様の見解を示している。

生まれ持った顔や身体を全肯定できる人はどれほどいるだろう。僕自身も、この自分の身体について諸手を挙げて大好きだなんて微塵も思ってはいない。
メタバースに対する希望の1つは、現実の自分がとらわれざるをえない、土地・環境・身体から解き放たれることにあるのかもしれない。*6

加藤にとっては、住む場所だけが問題ではない。自分の身体や家庭環境に対しても、私たちの多くは不満を持ち、場合によってはそれによって苦境に陥ってしまう。虚構によって現実を拡張するARは、結局のところ、私たちをそうした現実そのものから自由にはしてくれないだろう。そうではなく、現実から虚構へと移行することを可能にするVRによって、私たちは自分を苛《さいな》む現実から逃れ、むしろ幸福を実現できる。彼はそう訴えるのである。

そうであるとしたら、人々がメタバースに託している希望は、仮想空間そのものが持つ価値を目指すものではなく、むしろ物理空間から遠ざかりたい、そこから解放されたい、という欲望に駆動されたものなのかも知れない。つまり私たちは、物理空間を嫌悪しているがゆえに、メタバースに夢を見ているのかも知れない。

政治思想家のハンナ・アーレントは、一九五〇年代において、宇宙開発をめぐる熱狂のうちに、これとよく似た状況を洞察していた。彼女は主著『人間の条件』のなかで、一九五七年のソ連の人工衛星「スプートニク一号」の打ち上げ成功を取り上げ、次のように述べている。

ところが、まったく奇妙なことに、この喜びは勝利の喜びではなかった。実際、人びとの心を満たしたのは、驚くべき人間の力と支配力にたいする誇りでもなければ、畏敬の念でもなかった。むしろ、時の勢いにまかせてすぐに現われた反応は、「地球に縛りつけられている人間がようやく地球を脱出する第一歩」という信念であった。[*7]

アーレントによれば、人間が宇宙開発を行う動機は、宇宙そのものに価値があるからではなく、それによって人間が地球において与えられる条件から逃れたいからである。彼女はそこに、人類の歴史における現代社会の特異性を見いだす。なぜなら、「人類の歴史の中でいまだかつて、人びとが本気になって、地球は人間の肉体にとって牢獄であると考え、文字通り地球から月に行きたいとこれほど熱中したことはなかったからである」。[*8]彼女はこうした地球への嫌悪の感情を、「地球疎外」と呼び、そこに含みこまれている政治的な意味の解明を、同書の主題の一つに据えている。

私たちは、こうした地球疎外と同じ構造を、メタバースへの欲望のうちにも見出せるのではないか。メタバースは、「物理空間に縛りつけられている人間がようやく物理空間を脱出する第一歩」として理解されているのではないか。そして、そうであるとしたら、それはアーレントが洞察した地球疎外を、一段と深刻化させた疎外の感情に基づいているだろう。地球疎外が問題であれば、私たちは宇宙に出れば欲望を満たすことができる。しかし、物理空間が嫌悪されているなら、宇宙に出ても問題は変わらない。なぜなら、宇宙もまた物理空間に含まれているからだ。

あるいは、こう考えることもできるかも知れない。地球疎外に駆られて宇宙開発をした人々は、宇宙に対しても失望を抱き、とうとう物理空間そのものを脱出しようと願うようになった。そしてその夢を叶えるテクノロジーとして、メタバースに白羽の矢が立った。そのようにして、地球疎外は「物理空間疎外」へと進化したのである。

そうであるとしたら、アーレントが宇宙開発に対してそうしたように、私たちはメタバースに対して、その背後にある政治的な意味を探究する必要があるだろう。ただしこの場合の「政治」は、彼女にならって、広義に理解されなければならない。私たちがこの世界で他者とともに何かを始めることが、彼女にとっての政治の本質である。メタバースは、その本質をどのように変容させるのだろうか。

メタバースへの欲望には、人間が置かれているどのような状況が反映されているのだろうか。そしてメタバースは、私たちの他者との関わりを、あるいはこの世界との関わりを、どのように変えていくのだろうか。本書は様々な角度からこの問題に迫っていきたい。

本論に入る前に、いくつか確認しておきたいことがある。

本書では、メタバース上の空間を、「仮想空間」と呼び、それに対して私たちが自らの生まれ持った肉体で生活する空間を、「物理空間」と呼ぶ。

また、メタバースの利用者を「ユーザー」と呼び、ユーザーによって動かされるメタバース上のキャラクターを「アバター」と呼ぶ。

筆者は、哲学を専門としており、メタバースに関する技術的な側面について、その数理モデルに基づく専門的な科学的‐工学的な知識を有していない。したがって、そのような側面については、理解が不十分であるだろうし、場合によってはひどい勘違いをしているかも知れない。事実誤認をしている箇所があれば、読者諸賢の批判を請いたい。

しかし、そうした批判を恐れている限り、私たちはメタバースが人間にとってどんな意味を持つテクノロジーであるかを、決して理解することができないだろう。なぜならその問いに、数理モデルで回答することはできないからである。私たちはそうした問いを前にしたとき、素人として、一人の人間として思考することしかできないのだ。

本書は、たとえ事実誤認を犯す危険性があるのだとしても、あえてそうした探究に身を投じたい。なぜなら、そうした冒険を試みるに値するほど、メタバースが投げかける問いは巨大なものだからである。

前置きが長くなった。そろそろ本題に入るとしよう。

メタバースの哲学へ、ようこそ。

第1章　メタバースとは何か

なぜ私たちはメタバースを求めるのか。それを明らかにすることが、本書のテーマだ。しかし、そうした議論を展開していくためには、その出発点として、メタバースの概念そのものを厳密に定義することが必要である。それが本章の課題である。

最初に断っておかなければならないが、メタバースに関する統一的な定義はない。また、少なくともメタバースは、完全な形態としてはまだこの世界に存在していない。したがって、現実に存在する何らかの事物を根拠にして、実証的にメタバースを説明することはできない。

そのため本章では、メタバースに対する端的な定義を述べることは諦め、この概念が生まれてきた歴史、現在において存在するいくつかのプラットフォーム、メタバースの理想像、またそれを支える技術としてのＶＲについて多角的に検討することで、メタバースとは何であるかを立体的に浮かび上がらせていきたい。

「メタバース」の歴史

「メタバース」という言葉の最初の用例は、明確に特定することができる。一九九二年にニール・スティーヴンスンによって発表された、『スノウ・クラッシュ』という小説が初出である。この作品は、発表されてからすでに三〇年以上が経過しているにもかかわらず、今日においても大きな影響を及ぼしている。たとえば、後にも述べるが、二〇一〇年代にヘッドマウント・ディスプレイに革新をもたらしたオキュラス社のパルマー・ラッキーは、同作のファンであることを公言している。

物語は近未来のアメリカを舞台とする。主人公は、特殊な機械によって「メタバース」と呼ばれる仮想空間に入り、物理空間とは異なる人生を歩んでいる。メタバースでは、コードがそのまま法として機能するため、ウイルスやハッカーの存在が社会的な秩序を破壊する重大な脅威となる。物語は、アバターを制御不能にするウイルス「スノウ・クラッシュ」をめぐって、主人公の活躍を描く形で進行していく。

ただし、『スノウ・クラッシュ』はメタバースという言葉を発明しただけで、それに相当するテクノロジー——すなわち人間が、何らかの機械によって、物理空間とは異なる仮想空間に参入し、そこで物理空間とは異なる人生を歩むこと——は、もっと前のサイエンスフィクション作品においても描かれている。

たとえば、一九八二年に公開された映画『トロン』では、主人公が、物質変換装置によってコンピューター内部の世界に送り込まれ、レース競技に参加する様子が描写されている。また、その二年後に公刊されたウィリアム・ギブスンの小説『ニューロマンサー』では、電脳空間《サイバースペース》に直接脳を繋ぐこと（「没入《ジャック・イン》」）で、人間が仮想空間へと移動し、そこで別の生活を送る世界が描かれている。この作品は、「サイバー・パンク」と呼ばれるジャンルを確立したことでも知られている。

以上は、サイエンスフィクションにおけるメタバースをめぐる潮流であるが、別の分野の潮流として無視することができないのは、ゲームの世界である。

一九七〇年代、欧米ではテキストベースのオンラインゲームが流行していたが、ある意味でそれは、ネット上の仮想空間での交流を可能にするテクノロジーであり、メタバースの原型とも呼べるものだろう。一九八〇年代には、多人数同時参加型ロールプレイングゲーム（Massively Multiplayer Online Role-Playing Game：MMORPG）がＰＣゲーマーの間で遊ばれるようになる。その代名詞とでも呼ぶべき作品「Habitat」（一九八六年）は、仮想空間を舞台に「アバター」を使って他のプレイヤーと交流したり、トークンで購入したアイテムでアバターを着せ替えたり、マルチプレイのゲームをしたりできた。

二〇〇三年には、Linden Lab 社によってリリースされた「Second Life」が世界的に大流行した。このプラットフォームでは、ユーザーが自由にデジタルコンテンツを制作し、カフェを営業したり、自分の特技を活かした教室を開くなどして、社会生活をシミュレーションすることができた。また、ゲーム内で利用できる仮想通貨は、物理空間における貨幣に換金することができ、Second Lifeで就労することで生計を立てるユーザーも現れたことで、大きな注目を集めた。おそらくこれが、メタバースと呼ぶことができる最初のプラットフォームだと言えるだろう。

以上のように、今日のメタバースの概念は、サイエンスフィクションとゲームという、二つの異なる潮流の交点の上に成立している。当然のことながら、今日において両者は互いに影響を与え合う関係にあるだろう。

メタバースの現状

実際に、メタバースと呼ばれるプラットフォームやサービスには、どのようなものがあるのだろうか。いくつか、その具体例を眺めてみよう。

「はじめに」でも書いた通り、メタバースの社会的な認知を促進させた出来事は、旧Facebook社のMeta社への社名変更だろう。同社は、高性能な独自のヘッドマウント・ディスプレイを開発・販売すると同時に、それによって利用することができるメタバース・プラットフォーム「Horizon Worlds」を提供している。以下では、このプラットフォームの特徴を概観してみよう。[*1]

ユーザーは、自分の分身であるアバターを操作して、他のユーザーとコミュニケーションしたり、一緒にイベントに参加したりすることができる。会議やプレゼンテーションを行うこともでき、ビジネスのために利用することもできる。他のユーザーと一緒にゲームをプレイすることもできるし、物理空間の様々な場所が「ワールド」として再現されているため、そこを観光することもできる。

オリジナルなアイテムを作成し、他のユーザーに販売することで、収益を得ることもできる。デジタルコンテンツを作成するためには、非常に高度なプログラミングのスキルが必要になるが、Horizon Worldsには豊富な素材が用意されているほか、直感的にコンテンツを作成できる独自のクリエーション機能が搭載されている。そのため、誰でも気軽に新しいコンテンツを作成したり、既存のコンテンツをカスタマイズしたりできる。

ユーザー間のハラスメントにも対応している。それぞれのアバターには、個人境界線と呼ばれるパーソナルスペースが指定されており、その範囲を越えて他のアバターが接近できず、アバター同士の不用意な接触を防いでいる。また、仲良くなったユーザー（フレンド）とだけ交流するために、他のユーザーの参加を禁止する機能や、他のユーザーの音声が自動で音楽に変換される機能も用意されている。

日本における代表的なメタバース・プラットフォームとしては、二〇一七年に公開された「cluster」が知られている。cluster の特徴は、大学・企業・行政など、様々な法人と連携したイベントを実施しているということだ。二〇二〇年より「バーチャル渋谷」というプロジェクトが行われ、メタバース上に渋谷の街を再現し、そこで様々なイベントが催されている。秋に開催される「バーチャル渋谷 ハロウィーンフェス」では、ユーザーは自宅にいながら、まるで実際に渋谷の街に繰り出し、アーティストのパフォーマンスを目の前で鑑賞しているかのような体験をすることができる。[*2]

企業に対して、プラットフォーマーとの連携や、事業開発を促すサービスも現れ始めている。たとえばコンサルティングファームのクニエは、メタバース事業に関心をもつ企業に対して問診・診断を行い、参入判断や事業検討を支援する「メタバース事業化診断サービス」というサービスを開始している。[*3]また、あいおいニッセイ同和損害保険は、サイバー攻撃による個人情報の流出など、メタバース上のリスクを補償する、企業向けの保険サービスを販売し始めた。[*4]

行政にもメタバースを取り入れる試みがある。人口最少県である鳥取県は、「メタバース課」という架空の部署を立ち上げた。同県は、「メタバース関係人口」を増やすことによって、「ゆくゆくは人口減少や高齢化など、様々な課題解決へもつなげていける」と展望している。[*5]

国家的なプロジェクトとしては、「はじめに」でも紹介した、「デジタル田園都市国家構想」を挙げることができるだろう。これは、二〇二二年に内閣府によって発表された、デジタル技術を活用した地方創生を促すためのフレームワークであり、「市場や競争に任せきりにせず、官と民とが協働して成長と分配の好循環を生み出しつつ経済成長を図る「新しい資本主義」の重要な柱の一つ」[*6]である。その公式サイトでは、デジタル技術を活用した優れた取り組みとして、メタバースを活用した事業が複数紹介されている。たとえば、奈良県宇陀市による「メタバースを用いた産業振興〜あつまれ便利な田舎〜」[*7]では、次のような形の取り組みを展開している。

「ポツンと一軒家で交通の便が良く、生活インフラも整った古民家希望、購入300万円もしくは賃貸月3万円。カフェ・農業をしながら生計を立てたい」というような問い合わせをよく受ける。理想のみをもって田舎暮らしをスタートすることがないよう、メタバース空間を活用して、田舎暮らしや起業について具体的に知ってもらうことで認識のずれを解消したい。[*8]

これらはメタバースの活用例のほんの一部に過ぎない。たとえば、二〇二一年にはサウス・バイ・サウスウェストというアメリカで毎年開催されている最先端技術の祭典で、メタバース上のアバター・ダンスコンテストが行われており、日本人ダンサーが優勝を収めている。また二〇二二年には、モスバーガーはVRチャットというプラットフォームを活用して、「月見フォカッチャ」の関連イベントとして、「モスバーガー ON THE MOON」というメタバース上の店舗を公開し、商品の説明を行った。また、メタバース内で写真を撮る「VRフォトグラファー」という職業も存在するという。[*9] 今後もアイデア次第で様々な新しい取り組みが現れてくるだろう。

メタバースの条件

このように、一言でメタバースと言っても、その実践は多様である。それでは、プラットフォームがメタバースであるか否かを判定する基準は、いったいどこにあるのだろうか。前述の通り、メタバースの定義は明確に決まっていない。したがってそうした基準も一意に定められているわけではない。しかし、それがなければ、何でもかんでもメタバースと呼ばれることになり、メタバースの概念の意味が拡散し、無意味になってしまう可能性がある。したがって、そうした基準を見定めることはどうしても必要である。

メタバースのインフルエンサーとして活動するバーチャル美少女ねむは、メタバースの条件として次の七点を挙げている。

①空間性：三次元の空間の広がりのある世界
②自己同一性：自分のアイデンティティを投影した唯一無二の自由なアバターの姿で存在できる世界
③大規模同時接続性：大量のユーザーがリアルタイムに同じ場所に集まることのできる世界
④創造性：プラットフォームによりコンテンツが提供されるだけでなく、ユーザー自身が自由にコンテンツを持ち込んだり創造できる世界
⑤経済性：ユーザー同士でコンテンツ・サービス・お金を交換でき、現実と同じように経済活動をして暮らしていける世界
⑥アクセス性：スマートフォン・ＰＣ・ＡＲ／ＶＲなど、目的に応じて最適なアクセス手段を選ぶことができ、物理現実と仮想現実が垣根なくつながる世界
⑦没入性：アクセス手段の一つとしてＡＲ／ＶＲなどの没入手段が用意されており、まるで実際にその世界にいるかのような没入感のある充実した体験ができる世界[*10]

これに加えて、ベンチャーキャピタル Epyllion のＣＥＯであるマシュー・ボールは、

メタバースにはさらに次のような条件が必要だと指摘している。各事項の説明は、筆者の文による補足である。

⑧ 永続性：プラットフォームが、ユーザーの都合によって停止したり、消滅したり、リセットしたりすることができないこと。ユーザーが利用を停止した後も、メタバースそのものは存続し続けること。
⑨ 無限性：同時使用者数に上限を設けないこと。
⑩ 相互運用性：プラットフォームを横断して同一のアバターやコンテンツを利用できること。たとえば、現在のSNSでは、FacebookとXではコンテンツを共有することができないが、そうした各社のプラットフォームによって分断されることなく、統合的にコンテンツやアバターを運用できる状態を成立させること。
⑪ 多様性：ユーザーが、個人だけによって構成されるのではなく、企業や自治体など、様々なステークホルダーによって構成されること。*11

さしあたり、これら十一の条件を満たすことができるプラットフォームは、メタバースであると認めてよいだろう。しかし、現状では、これらの条件をすべて満たしたプラットフォームは、存在しない。したがってこれらはメタバースの条件であると同時に、その理念である、ということになる。

では、これらの諸条件のなかで、メタバースが他の仮想空間に対して占める独自性はどこにあるのだろうか。筆者の考えでは、それは空間性と没入性だろう。それ以外の諸条件は、たとえば、一般的なSNSによっても満たすことができる。しかし、空間性と没入性（この両者を総合して、以下では空間的な没入性と呼ぶ）は、メタバースだけに求められる条件だと言えよう。

VRとは何か

こうした空間的な没入性を可能にしているのが、VRのテクノロジーである。この意味において、メタバースとVRは切っても切れない関係にある。したがって、メタバースを理解するためには、それを支えるVRについてもある程度の理解を深めておく必要があるだろう。
VRは「virtual reality」の略語である。この言葉は、二〇世紀の詩人・演劇人アントナン・アルトーが一九三二年に発表した評論「錬金術的演劇」のなかで用いた造語だった。[*12]
この言葉が現在のように「仮想現実」と訳されるようになったのは、もっと後のことである。そもそも、バーチャルという言葉に本来は「仮想」という意味はない。「virtual」は、語源的には、「力」や「効力」を意味するラテン語の「virtualis」に由来し、正確に翻訳すれば、「実質的には」という意味である。

「virtual」が「仮想」と訳された背景には、一九六五年に日本ＩＢＭがvirtual memoryを「仮想メモリ」と訳したという経緯がある。仮想メモリとは、ハードディスクの一部を「実質的に」メモリとして扱う仕組みのことである。*13 ここで重要なのは、「仮想」が、「本物ではない」ということを意味するわけではない、ということだ。仮想メモリは、物体としてはハードディスクだが、機能としてはメモリであり、仮想メモリとそうでないメモリとの間に、その機能における差異があるわけではない。したがって仮想メモリは本物のメモリである。少なくとも、メモリの真正性の定義に、そのメモリがどのような物体によって構成されているのか、という条件が含まれていないなら、そうである。

それでは、現在の私たちがＶＲという言葉で理解しているテクノロジーは、どのようにして発展してきたのだろうか。加藤はその歴史を三つの段階に区別して説明している。

第一の段階は一九六〇年代であり、ＶＲの黎明期と呼ばれる時期である。コンピュータによって制御された情報を視聴覚に与えることで、あたかも自分が実際とは異なる場所にいるかのような認識を可能にするシステムが、一部の先進的な研究者によって構想された。一九六二年には、映像作家のモートン・ハイリグが、大きな筐体《きょうたい》のなかに頭を入れ、そこに映し出される映像・音・振動によって、仮想空間を体験するシミュレーター「センソラマ（Sensorama)」を開発した。大型で携帯性もなく、ヘッドトラッキング機能もないが、ＶＲの開発史においては記念碑的な作品になった。

一九六八年には、計算機科学者のアイバン・サザランドが、現在のヘッドマウント・ディスプレイの原型となる「ダモクレスの剣（The Sword of Damocles)」を開発した。サザランドは、世界で最初にコンピューター・グラフィック（computer graphic : CG）のシステムを開発したことで知られている。ダモクレスの剣は、センソラマと異なり、頭に装着することによって、ＣＧ画像と音楽を視聴することができるデバイスである。ただし、重すぎるためにデバイスを首だけで支えることができず、天井から吊り下げて装着しなければならなかった。

それでも、現在にまで至るヘッドマウント・ディスプレイの設計思想は、基本的にはサザランドのアイデアを踏襲している。その意味において、ＶＲの歴史における彼の影響は計り知れないものである。

「究極のディスプレイ」

サザランドは、ダモクレスの剣を構想していた一九六五年、「究極のディスプレイ」と名付けられた短い論考を発表している。そのなかで、彼は未来のコンピューターのディスプレイについて、次のように予言している。

コンピューターによって表示される物体が、私たちが慣れ親しんでいる物理的現実の通常の規則に従わなければならない理由はない。運動に対応するディスプレイは、負の質量の運動をシミュレートするために使われるかもしれない。今日の視覚ディスプレイのユーザーは、固体の物体を簡単に透明にすることができる。「物質を透視する」ことができるのだ！

究極のディスプレイは、もちろん、コンピューターが物質の存在をコントロールできる部屋だろう。そのような部屋にディスプレイされる椅子は、座るには十分だろう。その部屋にディスプレイされる手錠は人を拘束できるものであり、その部屋にディスプレイされる銃弾は命を奪うものだろう。適切なプログラミングによって、このようなディスプレイは文字通り、アリスが歩いた不思議の国になりうる。[*14]

ここでサザランドが提示している「究極のディスプレイ」とは、板型のディスプレイではなく、「部屋」型のディスプレイである。その部屋に一歩足を踏み入れると、実際には何も物体が存在しないはずなのに、ユーザーの意思によって椅子の映像が示され、しかもそれに座ることができる。あるいはまた、手錠のデータを出力すると、同じように手錠の映像が示され、しかもそれが実際に身体を拘束する。そうした夢のようなディスプレイだ。

ここには、後のＶＲの開発を規定するいくつかの重要なアイデアが示されている。

第一に、ディスプレイされる世界とユーザーとのインタラクションが重視されている、ということである。板型ディスプレイと部屋型ディスプレイの最大の相違点は、ユーザーの身体の運動に応じて、映像がリアルタイムで変容する、ということだろう。板型ディスプレイであれば、ユーザーが移動し、ディスプレイを見る角度を変えれば、それによってユーザーに見える映像も変化する。しかし、部屋型ディスプレイでは、ユーザーが移動しても映像が破綻せず、ユーザーの運動に合わせて映像が変化することになる。したがって、映像がどのように見えるか、ということは、ユーザーがどのように身体を運動させているか、ということと連動するのだ。この意味において、ユーザーは単に映像を受動的に視聴しているわけではなく、それがどのように見えるかを、自分の身体によって規定するのである。

第二に、部屋型ディスプレイは物理法則を無視するものである、ということだ。何も存在しない空間から、椅子を出現させることは、まさに物理法則の逸脱に他ならない。しかし、板型ディスプレイにおいて、それはすでに実現されている。たとえば私たちはコンピューターを使って、本来は透明にならないものを、透明にすることができる。それは物理法則の逸脱に他ならない。そうである以上、部屋型ディスプレイで視聴される映像が、物理法則を無視したものであってはならない理由は何もない。したがってその映像は、反物理的なもの、言い換えるなら「魔法」的なものになるのである。

そして第三に——これは、必ずしも明言されているわけではないが——、映像への没入性を挙げることができるだろう。なぜ、サザランドは板型ディスプレイが不完全であり、それに対して部屋型ディスプレイが「究極」だと断言するのだろうか。それはおそらく、部屋型ディスプレイであれば、視聴される映像にとっての「外側」が存在しないからだ。

板型ディスプレイで映像を視聴するとき、私たちの視界には、常にディスプレイの後ろが見える。つまり、映像の外部が目に入ってくる。それによって、映像への没入感は相対化される。たとえ、ディスプレイでは魔法の世界を駆け回っているのだとしても、その背後に畳の部屋が見えているのであれば、魔法の世界は力を失ってしまう。

それに対して、部屋型ディスプレイであれば、そうした相対化が起こらない。なぜなら、部屋型ディスプレイは——そこに窓でも設けられていない限り——外部との接触を断つからであり、それによって映像を絶対化できるからである。そのため、部屋型ディスプレイで映像を視聴するユーザーは、その映像が織りなす世界に、完全に没入することができる。

もっとも、このような部屋型ディスプレイがどのようにして実現可能であるかは、現状では想像できない。とりわけ実現が困難だと考えられるのは、ディスプレイされた映像に座ることができたり、それによって身体を拘束されたりと、映像がユーザーの身体に物理的な影響を及ぼす、ということだ。

もちろん、その実現を目指した技術開発は行われている。たとえば、韓国のＶＲ機器メーカーであるbHapticsは、上半身に四〇個もの振動モーターを内蔵した触覚ベスト「TactSuit」を発売している。このベストを装着すると、メタバースの世界で他者に触れたり銃撃を受けたりしたときに、それに相応の衝撃をリアルに再現できる。こうした触覚スーツをさらに進歩させていけば、いつか、サザランドの構想した「究極の部屋」を実現できる日が訪れるかも知れない。

とはいえ、彼が提示したのはあくまでも理念であって、それが実現可能か否かは、さほど重要ではないのかも知れない。大切なのは、彼が理想的なコンピューターのディスプレイのあり方として、①物理空間とは異なる領域であること、②ユーザーと映像がインタラクションすること、③ユーザーにとって没入感があること、という三つの基準を提示したことだ。この基準は、その後のＶＲが追求する、技術的な価値指標になっていく。

二度のＶＲブーム

八〇年代後半から九〇年代にかけて、ヘッドマウント・ディスプレイによるＶＲの開発が盛り上がりを見せた。一九八九年に、計算機科学者のジャロン・ラニアーが、仮想空間で会話できるという会議システム「EyePhone」を発表した。一九九五年には任天堂が、立体視によって３Ｄ映像を視聴させるゲーム機器として、「バーチャルボーイ」を発売した。また一九九六年には、ソニーが映像を視聴するためのデバイスとして「グラストロン」を発売する。大手企業が競うようにヘッドマウント・ディスプレイ型のデバイスを展開することで、ＶＲは一般の消費者でも体験することができる商品として大衆化していった。加藤はこの時期を、ＶＲ開発史における第二の段階として位置づけ、「第一次ＶＲブーム」と名付けている。

しかし、この時期のＶＲはある技術的な限界を抱えていた。それは、ヘッドマウント・ディスプレイに、ユーザーの頭の動きを感知し、それに応じて映像の見え方を変化させる機能、すなわちヘッドトラッキング機能が搭載されていなかったからだ。そのため、ユーザーの身体とＶＲの間にはインタラクションが成立せず、十分な没入感を喚起させることができなかった。

このようにして第一次ＶＲブームは終焉を迎える。その後、およそ一〇年の時を経て、二〇一〇年代に新たな技術革新が起こり、ＶＲに対して再び注目が集まり始める。加藤によれば、それが「第二次ＶＲブーム」である。

この時期のＶＲを特徴づけているのは、極めて質の高いヘッドトラッキングを実現させたことである。そもそも、ユーザーの頭の動きを感知するためには、何らかの形でセンサーを使用しなければならない。当初、ヘッドマウント・ディスプレイの外部にセンサーを設置し、それによってヘッドトラッキングの実現が図られた。たとえば、ＨＴＣ社とValve Corporation社によって共同開発された、二〇一六年発売の「ＨＴＣ Ｖｉｖｅ」は、部屋の隅にセンサーを設置し、その結界の中でユーザーがヘッドマウント・ディスプレイを利用する、という設計だった。

しかし、それはあまりにも大がかりであり、気軽には利用することができない。そこで考案されたのが、ヘッドマウント・ディスプレイそのものにセンサーを搭載する、というインサイド型のデバイスだった。その代表例が、Meta社の一部門であるオキュラスによって二〇一九年に発表された、「オキュラスクエスト」である。この製品は、外部センサーだけでなく、ＰＣとの接続さえも不要とし、文字通りヘッドマウント・ディスプレイを装着するだけでＶＲを体験することを可能にした点で、画期的だった。なお、同社は二〇一四年に当時のFacebook社（現Meta社）に買収されている。

二〇二四年には、Apple社が「Vision Pro」を発売し、Meta社のVR事業との競合が話題になった。Vision Proもまた、外部のデバイスを必要としないオールインワンのヘッドマウント・ディスプレイであり、その設計思想はMeta社のそれと重なり合う。したがって、第二次VRブームは現在も継続している、と考えることができるだろう。

以上において素描してきたVRの歴史は、仮想空間における空間的な没入性を成立させるための、試行の連続として理解できる。前述の通り、メタバースに固有の特徴は空間的な没入性である。それは言い換えるなら、私たちにとっての体験のリアリティに他ならないだろう。そうしたリアリティの追求が、VRの、またメタバースの歴史を形作ってきたのだ。

さて、私たちはあえて立ち止まって考えてみよう。そこで語られている「リアリティ」とはいったい何なのだろうか。

第2章　メタバースとリアリティ

ゲームAI開発者の三宅陽一郎は、メタバースを「もう一つの現実」と呼んでいる。[*1] メタバースの世界にいるとき、私たちの感覚的な認識は、VR技術によって呈示された映像や音楽に占拠される。物理空間のリアリティはそこから排除され、メタバース的なリアリティだけがユーザーを包み込む。それは単に偽りの体験として退けられるものではない。三宅はそう主張する。

このような考え方はどこまで擁護することができるだろう。そもそも、メタバースが「もう一つの現実」であるとは、いったい何を意味しているのだろうか。物理空間とメタバースを行き来するようになったとき、私たちが生きる現実は、二つの領域に分割されるのだろうか。それとも、現実はメタバースという新たな領域を包摂し、全体として有機的に再編成されるのだろうか。あるいは、メタバースは結局のところ物理空間のリアリティとは無関係であり、私たちの生きる現実は、何の影響も受けないのだろうか。

本章では、こうした、メタバースとリアリティの関係について考察していこう。

私が夢を見ているのではない理由

メタバースは「もう一つの現実」なのか――この問いは、それ自体がすでに、次のような一定の前提の上に成り立っている。すなわち私たちは、メタバースを物理空間から区別することができ、かつ、物理空間が現実であることを認めている、ということだ。そのうえで、メタバースが物理空間と同じように現実だと認められるか否か、ということが問われている。したがって、メタバースのリアリティをめぐる問いは、物理空間のリアリティによって条件づけられている。さしあたり、そのように考えることができる。

そうであるとしたら、私たちが最初に考えるべきことは、物理空間におけるリアリティとは何か、ということだ。それが分からなければ、メタバースを「もう一つの現実」と見なしてよいのか否かも、分からないからである。

私たちはなぜ、どのような意味で、物理空間を現実だと見なしているのだろうか。

これは、哲学の領域における一つの古典的な問いを想起させる。それは、近代フランスの哲学者ルネ・デカルトによって提起された、「私」がいま夢を見ているのではないという保証はどこにあるのか、という問いだ。彼は『省察』のなかで次のように述べている。

いま私がこの紙をみつめている眼は、確かに目ざめたものである。私が動かしているこの頭はまどろんではいない。この手を私は、故意に、かつ意識して、伸ばすのであり、伸ばすことを感覚している。これほど判明なことが眠っている人に起こるはずはないであろう。とはいえ私は、別のときには夢の中で、やはり同じような考えにだまされたことがあったのを、思いださないだろうか。

これらのことを、さらに注意深く考えてみると、覚醒と睡眠とを区別しうる確かなしるしがまったくないことがはっきり知られるので、私はすっかり驚いてしまい、もう少しで、自分は夢を見ているのだ、と信じかねないほどなのである。[*2]

「私」は紙を前にしている。その紙は物理空間において現実に存在している。なぜそう言い切れるのだろうか。それは、「私」が覚醒していて、夢を見ているのではないからだ。もしも夢の中に現れた紙であれば、それは現実には存在していないだろう。しかし、「私」は覚醒しているのだから、その紙は現実に存在しているのである。

このとき、「私」が覚醒しているということの根拠は、自分が覚醒していると確信しているということだけである。しかし、「私」は、眠っているときにも、同じように自分が覚醒していると確信することがありえる。そうであるとしたら、自分が覚醒しているという確信は、本当に「私」が覚醒していることの根拠にはならない。結局のところ、いま

「私」が目の前にしている紙が、夢のなかの現れなどではなく、現実に存在すると言い切れる根拠は、何もない。

そうであるとしたら、私たちが認識している物理空間が現実であるという保証は、いったいどのように説明することができるのだろうか。そうした説明が不可能であるとしたら、私たちは、そもそも現実について何も知りえない、ということになるのだろうか。

構造化された夢

この問題に対するデカルトは、物理空間で得られる感覚そのものではなく、その感覚に関する私たちの知識によって、そのリアリティを説明しようとする。つまり、物理空間で認識された事物について、私たちがそれに関係する記憶を呼び起こすことができ、その記憶が他の様々な事物の知識と矛盾を起こさず、首尾一貫しているとき、それは夢ではないと判定できる、ということだ。

この回答は、夢が無秩序であるのに対して、現実がある秩序に基づいて構造化されている、ということを前提にしている。興味深いのは、現実を現実たらしめているのは、それがある秩序によって構造化されている、ということであって、与えられた感覚そのものではない、ということだ。したがって、目の前の「紙」を見ているとき、その紙が現実に存在しているか否かは、その認識からだけでは判別できない。むしろ、その紙を「私」が首尾一貫した仕方で認識できる――たとえば、一秒前に無から突然出現したのではないと確かめられる――ということが、その認識にリアリティを与えられるのだ。

しかし、そうであるとしたら、なぜ、現実は構造化され、夢は構造化されていない、と言えるのだろうか。デカルトはその理由を、現実は神によって創造されているから、そして神は人間を決して欺かないから、という形で説明している。これはこれで、首尾一貫した説明ではある。しかし、私たちはここから一歩進んで、次のようにデカルトを問い直すことがなお可能だろう。

もしも、夢が完全に構造化されているとしたら、私たちにとってその夢は現実になるのだろうか。デカルトの発想に従うなら、そうした結論に至らざるをえない。デカルトの定義に従うなら、構造化された夢は、そもそも夢ではない。しかし、夢が常に無秩序でなければならない理由は、何もないように思える。

また、そうした現実の構造化は、常に一つの仕方でしか成立しえないのだろうか。つまり、ある種の構造化と、別種の構造化を区別することはできないのだろうか。デカルトはあくまでも現実の構造化は唯一の仕方でしか整理しない、と考えていた。なぜなら神は私たちを欺かないからである。しかし、当然のことながら、そうした神が存在することを証明することは、容易ではない。仮に神の概念を除外して考えるなら、そもそも、現実が多様な仕方で構造化されることはない、という理由は、やはり何もないように思える。

　もしも、夢が完全に構造化され、そして構造化には多様な可能性がありえるのだとしたら、私たちはそうした夢が、たとえ覚醒時の現実とはまったく異なる形で構造化されているのだとしても、その夢を覚醒時とは異なる現実として、「もう一つの現実」として認めることができるのではないだろうか。たとえば、夢のなかでは紙が無から突然出現するのだとしても、夢のなかではそれが正当化されるロジックが——たとえばそこにはそうしたことが可能な魔法が存在するなど——あれば、その紙は現実の事物として認められるのだろうか。

「リアリティ＋《プラス》」

構造化された夢は、「もう一つの現実」として認められうる。このような観点から、VRの体験を現実として説明しようとするのが、現代オーストラリアの哲学者であるデイヴィッド・チャーマーズである。

　たとえば、すべての感覚を支配する「完全没入型」[*3]のVRデバイスによって何かを体験することは、このように構造化された夢を見ることに限りなく近い。たとえば、全身を覆うVRスーツによって、視覚情報と触覚情報を完全に同期させ、視覚的に認識された事物に触れたとき、対応する身体の部位に刺激を与えれば、あたかも本当に触れているかのような触覚的認識をユーザーに与えることができる。チャーマーズによれば、このような状況において、その体験が物理空間のものなのか、それとも仮想空間のものなのか、ということは、その体験の感覚的な内容からだけでは説明することができない。

たとえば、そんなことが起こらないに越したことはないが、あるユーザーが完全没入型VRデバイスでメタバースに参加した後、足を滑らせて転倒し、頭を強打して記憶を喪失してしまったとしよう。このユーザーが目覚めたとき、自分がいる場所が物理空間なのか仮想空間なのか、ということは、このユーザーには確信することができない。もしかしたらこのユーザーは、実際には仮想空間のなかにいるにもかかわらず、そこが物理空間だと感じるかも知れない。

もちろんそのためには、メタバースが無秩序ではなく、構造化されたものである必要がある。チャーマーズはそうした構造化の条件として、事物が存在すること、事物が因果的な力を持つこと、その事物を認識する者の心から独立していること、その認識が錯覚ではないこと、その事物が本物であることを挙げている。これらの基準を満たす形で、コンピューターが映像をシミュレーションすることができるなら、メタバースでの体験は「もう一つの現実」であると認めてよい。彼はそう結論づけるのだ。

チャーマーズによれば、私たちの生きる現実は、物理空間と仮想空間という二つの領域に分割された。そもそも「リアリティ」という概念には、「存在するものの総体、すなわち存在全体（コスモス）のようなもの」という意味と、「ひとつのリアリティ」という言い方に代表されるような、特殊な個別領域を指す意味が含まれている。VR技術が登場するまで、第一の意味のリアリティと、第二の意味のリアリティは、完全に重なり合っていた。つまり両者はともに物理空間だけを指していた。しかし、VR技術の登場によって、「第一の意味のリアリティが、第二の意味のリアリティを複数含む」という事態が出現した。この、総体としてのリアリティのうちに、個別領域としての複数のリアリティが内包されているという事態を、チャーマーズは「リアリティ＋《プラス》」と呼ぶ。*4

彼の議論は、メタバースのリアリティを哲学的に基礎づけるものとして、重要な手がかりを提示している。しかし、そこには補われるべき点もある。それは、メタバースが現実として構造化されているとして、何をもって構造化されていると呼べるのか、という基準が、依然として不明瞭であるということだ。

メタバースにおける恋愛

チャーマーズは、ある事物の認識が現実であると認められる条件として、その事物が存在することを挙げている。しかし、そもそも「存在する」とはどういうことだろうか。

彼は、存在をめぐる問いに決定的な回答を示すことはできないとしても、「感じるとか、においを嗅ぐとか、味わうとか、見ることなど」ができるもの、つまり「知覚できたり、測定できたりするものは、それが存在する高い可能性を示している」[*5]と述べる。しかしこの考え方は、「存在する」という概念の広大さを考えれば、ほとんど役に立たないほど限定された発想である。

たとえば、恋愛について考えてみよう。私たちには、現実の恋愛と、偽りの恋愛を区別することができる。結婚詐欺や、ゲームやアイドルに対する「疑似恋愛」は、現実の恋愛ではないだろう。

ではそのとき、何が存在していれば、その恋愛は現実なのだろうか。愛情だろうか。しかし、愛情が存在するということを、どのように説明すればよいのだろうか。

愛情を感覚的に認識することはできない。たとえば、恋人の肉体を視覚的に見ることはできる。恋人が「愛している」と語りかける声を聴覚的に聞くこともできる。恋人が自分に触れる手つきを、触覚的に感じることもできる。しかし、これらの感覚は、それ自体が、愛情なのではない。それは愛情を伝える感覚であるかも知れないが、しかしそれをもって、愛情が存在することを確証することはできないのだ——だからこそ、結婚詐欺などという悪事が起こりえるのである。

興味深いデータがある。バーチャル美少女ねむと、人類学者のリュドミラ・ブレディキナは、「ソーシャルVR国勢調査2021」と題し、二〇二一年八月二三日から九月一一日にかけて、公開アンケートを実施した。その結果、一二〇〇〇件の回答が得られた。

ねむによれば、「ソーシャルVRで恋をしたことはありますか?」という問いに「Yes」と回答したのは、「VRChat」というメタバース・プラットフォームでは全体の四〇%であったという。また、メタバース内で恋人がいるユーザーは全体の三一%に上った。さらに、恋人がいるユーザーに対して、「その相手は物理現実世界でもあなたにとって恋人ですか?」と質問したところ、「No」と回答した割合は六八%だった。*6

チャーマーズは、メタバースに恋人をもつユーザーは、現実に恋愛をしている、と認めるに違いない。筆者もそう思う。しかし、メタバースにおける恋愛は、物理空間における恋愛とは異質なものである。そうである以上、そこには物理空間にはない独自の恋愛が、つまり「もう一つの恋愛」が繰り広げられているに違いない。

それでは、その恋愛が現実であると言いうるために、ユーザーたちはいったいどこに恋愛の存在を確信しているのだろうか。いかなる感覚も、それ自体としては恋愛の存在を保証しないのだとしたら、何がその確信を支えているのだろうか。

想像界と象徴界

筆者は、チャーマーズの主張がおおむね説得力を持つと考えている。私たちの生きる現実は、この世界を総体として包摂するものでありながら、その内部には複数の個別の現実が存在する。しかし、その理論的基盤を支える存在論はいささか脆弱である。たとえばそれでは、前述の通り、恋愛のリアリティを説明できない。

この不足を補うために有用であると考えられるのが、二〇世紀フランスの精神分析家ジャック・ラカンによって定式化された、人間の心に備わる次元としての、「想像界(l'imaginaire)」と「象徴界(le symbolique)」の区分である。

想像界とは、私たちのイメージが属する領域である。何かが見えるとか、何かが聞こえるといった、何らかのイメージを形成する感覚的な認識は、想像界に属する。チャーマーズの言う「存在する」は、それが知覚を根拠にするものである以上、原則的に想像界に留まるものだ。しかし、ラカンによれば、人間の生きている世界は、こうした知覚だけによって成立するものではなく、言語によって構造化され、意味づけられたものとして存在している。

言語もまたイメージと関係する。たとえば「耳」という言葉から、私たちは頭の横に位置する感覚器官を想像する。このイメージは想像界に属している。ただし、言葉はただ一つのイメージと対応しているわけではない。たとえば、私たちは食パンの縁の部分のことも「耳」と呼ぶ。つまり、同じ「耳」という言葉から、私たちは複数のイメージを抱きうるのである。

しかし、それでは相手が「耳」と言ったとき、私たちは何を根拠にして、その言葉の意味を理解しているのだろうか。「耳」という言葉そのものから、その意味を一つに決定することはできない。それを可能にしているのは、むしろ、「耳」という言葉が使用される文脈なのである。

たとえば、「耳の病気になった」と言われたら、それは間違いなく身体の器官を指している。それに対して、「耳を食べるのは好きじゃない」と言われたら、それは間違いなく食パンの部位を指している。このように、「耳」の前後で何が語られるのか、ということが、「耳」のイメージを決定するのである。

もっとも、このように言葉のイメージを決定する文脈は、前後に語られる言葉だけではない。たとえば、雪が吹きすさぶ道を歩きながら、「耳が冷たい」と言われたら、それは身体の器官を指していることになる。しかし、暖かい部屋のなかで、冷蔵庫から取り出してすぐの食パンをかじりながら、「耳が冷たい」と言われたら、それは食パンの部位を指しているだろう。同じように「耳が冷たい」と言われるのだとしても、それがどのような状況で言われているかによって、言葉の意味は違った仕方で決定されるのである。

それでは、このように言葉の意味を決定している文脈とは、いったい何なのだろうか。一言で表せば、それは、私たちの社会で共有されているルールのようなものである。もちろんそれは、法律によって制定されているとは限らないし、あるいは文法書や辞典に書かれているとも限らない。そうでなくとも、「こういう状況では人はこうした言動をするはずである」という、ある構造化されたルールの総体が、私たちの言葉の意味を制御し、他者とのコミュニケーションを可能にするのである。

重要なのは、そのルールが「私」一人によって作り出されたものではない、ということだ。なぜなら、もしもそれが「私」一人によって創作されたものだとしたら、他者はそのルールを共有していないのだから、それがコミュニケーションの成立に寄与することはないからである。むしろ「私」は、自分が所属する社会のなかで、言葉がどのように使われているのか、言い換えるなら想像界がどのように言語によって構造化されているのかを、他者から学ぶのである。私たちの心に備わる、そうした構造の総体を、ラカンは「象徴界」と呼ぶ。

象徴界への準拠と愛

私たちが生きている世界は言語によって構造化されている。ラカンはその事態を、世界の象徴界への「準拠」と呼ぶ。人間が象徴界に準拠して世界を理解する存在であるからこそ、そこでは感覚的に認識することができない事柄が、現実のものとして存在できる。

たとえば、恋愛はその典型だろう。私たちは、恋人から「愛している」と言われたり、自分の身体を触れられたりすることで、そこに愛情を感じる。しかしそれは、愛情が物質として知覚されている、ということを意味するわけではない。そうした伝達を可能にしているのは、「愛している」という言葉がどのように使われているのか、相手の身体に触れることがどのような意味を持っているのか、ということを構造化する、象徴界なのである。

次のように言い換えることもできるだろう。そうした象徴界を前提にすることで、はじめて、私たちは他者に愛情が存在し、そしてその恋愛が現実である、ということを確信できるのだ。ラカンは次のように述べる。

人間にはランガージュという向こう側のものへの、人間を構成する一種の契約、約束への準拠《レフェランス》が必要なのです。本来的には、この約束が人間存在を、間人間的な象徴という一般的、もっと正確に言えば普遍的体系の中に封入されたひとりの他者として構成しているのです。契約は、たとえどんな形を取るにしろ、ランガージュの内部と外部で同時に、或るひとつの機能へと集約していく傾向を持っているものですが、そういう契約の仲介によるのでなかったなら、人間的共同体の中で機能上実現可能な愛は存在しません。[*7]

ランガージュとは言語活動のことである。「約束」とは、社会のなかで共有されているルール、すなわち象徴界のことだ。そうした象徴界に準拠することがなければ、そもそも愛は存在しない。こうしたラカンの発想に従うなら、私たちは、感覚的には知覚できないものの存在を、合理的に説明することができる。

ラカンの思想をメタバースの議論に応用するなら、次のような説明が可能になる。人々はメタバースにおいて、物理空間とは異なる仕方で恋愛をする。それが可能なのは、物理空間とは異なる、別の象徴界が、メタバースに形成されているからだ。この意味においてメタバースは、物理空間とは異なる仕方で構造化された空間なのである。

ただし、象徴界という概念によって現実を理解するなら、現実は、物理空間と仮想空間という二つしか存在しない、ということにはならない。象徴界は、それが社会のなかで共有されているルールである以上、社会の多様性に応じて無数に存在する。

しかし、そうであるとしたら、ここで私たちは次のような疑問に直面せざるをえない。すなわち、リアリティが私たちの認識の構造化によって成立するものであり、そしてその構造が言語によって形成されるものであるとしたら、私たちは、メタバースが存在しようがしまいが、常にすでに「リアリティ＋」を生きていることになるのではないか、ということだ。

ハイパー・リアリティ

チャーマーズは、メタバースこそがはじめて「リアリティ＋」を成立させた、と考える。それは、メタバースさえ存在しなければ、現実は一つしかないということを含意する。つまり、物理空間の内部に多様なリアリティを見出すことは、できなくなる。

しかし、このような捉え方は、事実認識として間違っているだろう。メタバースというテクノロジーが出現する以前から、シミュレーションによって仮想空間を作り出そうとする試みは存在していたからだ。

たとえば、二〇世紀フランスの思想家のジャン・ボードリヤールは、ディズニーランドの例を挙げている。

私たちはディズニーランドを「夢の国」だと考えている。その敷地の内部は、外部の世界と異なる原理に支配されている。たとえばその敷地を、キャラクターたちが闊歩《かっぽ》する。それは、外の世界の原理に従うなら単なる着ぐるみだが、その敷地の内部では、現実に生きたキャラクターとして扱われる。あるいは、その敷地の外部では恥ずかしくて決して装着しないであろう、付け耳のようなアクセサリーを、その敷地の内部では何の羞恥も感じずに装着できる。ディズニーランドに一歩足を踏み入れたら、誰もがそこを「夢の国」として扱い、その世界の成員として振る舞わなければならない。ディズニーランドにおいて、私たちはそうした仮想の状況を生きることになる。それは、ラカンの用語で説明するなら、外部の世界とは異なる象徴界が形成されている、ということを意味する。

それに対して、ディズニーランドは決して現実ではなく、あくまでも虚構の空間に過ぎない、という反論もありえるかも知れない。ディズニーランドにリアリティを認めるなどというのは、あくまでも過大評価であって、それは、その敷地の外側にある世界のリアリティと比べれば、あまりにも陳腐なものでしかない。しかしボードリヤールは、シミュレーションの発展過程を三つの段階に区分することで、そうした反論を退ける。

第一の、もっとも初歩的な段階において、オリジナルと表象の違いは明確である。たとえばディズニーランドにはシンデレラ城がある。私たちはそれを見て、ドイツに実在するノイシュバンシュタイン城を「本物」として想起する。そしてその本物と比較して、よくできているとか、よく見たらずいぶんおかしいところがあるとか、考える。この段階のシミュレーションは、ほとんど模倣と変わらない。

しかし、シミュレーションが第二の段階に到達すると、オリジナルと表象の違いは不明瞭になる。私たちは、何がオリジナルで、何がその表象なのかが、だんだんと判別できなくなっていく。ディズニーランドが、仮想の状況であること自体が忘却され、それこそが本物であるかのように感じられていく。たとえば、ドイツでノイシュバンシュタイン城を見て、それがシンデレラ城の模倣であるかのように見えてしまう。そうした逆転が起こりうるのが、第二の段階だ。

そこからさらにシミュレーションが発展していくと、第三の段階において、オリジナルと表象の違いそのものが解消されてしまう。第二の段階は、あくまでもオリジナルと表象が区別されうることを前提としている。それが表象である以上、そこにはオリジナルがあって、何がオリジナルかを特定することができる。しかし、第三の段階ではそれ自体が不可能になるのだ。

たとえば、第二の段階に留まる限り、ディズニーランドはその敷地の内部と外部において区別される。どちらが本物であるかは措いておくにしても、とにかく、ディズニーランドの外側は、ディズニーランドではないと判断することができる。しかし、それは事実だろうか。ボードリヤールは次のように指摘する。すなわち、私たちの生きる国――彼の場合の対象は、アメリカ――は、ディズニーランドの外側も、ディズニーランド化しているのではないか。私たちの生きている国は、全体として「夢の国」と化し、誰もがふざけ半分で、まるで仮想空間で生きているかのような、そうした感覚を抱いているのではないか。

そうであるとしたら、ディズニーランドの敷地の外側は、ディズニーランドではない、と考えることはできなくなる。むしろ私たちは、ディズニーランド化した国のなかに建設された、ディズニーランドと名付けられた一区画に立ち入っているに過ぎないのだ。このとき、私たちには、もはや何がオリジナルで何が表象であるかを判別することができなくなる。なぜなら、両者の区別そのものが成立しなくなるからである。

このような状況において、ディズニーランドは、それが置かれている国のディズニーランド化を覆い隠す装置として機能する。私たちは、実際にはディズニーランド的なふざけた世界に生きているのに、テーマパークとしてのディズニーランドが建設されているために、その外側に拡がるこの世界は、「ディズニーランドではない」と考える。しかしこの判断そのものが現実を誤認させるものなのだ。

ボードリヤールは、こうした第三の段階に到達したシミュレーションによってもたらされるリアリティを、「ハイパー・リアリティ」と呼ぶ。[*8] 私たちが生きる現実は、すでにハイパー・リアリティへと移行しつつある。そこではもはやオリジナルと表象を、現実とシミュレーションを区別することができない。だから、表象ではないオリジナルを求めても、あるいはシミュレーションではない現実を求めても、無意味である。そんなものはもはや存在しない。彼は現代社会をそう診断するのだ。

メタバースのリアリティ

こうしたボードリヤールの思想に従うなら、メタバースによってはじめて「リアリティ＋」が成立した、と考えるチャーマーズの発想は、私たちが置かれている状況を誤認させるものだろう。リアリティを分割する線をメタバースのうちに見出す彼は、メタバースの外側、言い換えるならヘッドマウント・ディスプレイの外側には、非メタバース的な世界が広がっていることを前提にしている。しかし、もしも物理空間においてさえ、リアリティは多様であり、そこに画一化された現実が存在するわけではないのだとしたら、メタバースが新しいリアリティを付け加えるのだとしても、それは物理世界においてすでに起こっているリアリティの多様化の一つのバリエーションでしかないだろう。もしも、メタバースが「もう一つの現実」をもたらすのだとしたら、同じようなことがすでに物理世界でも起こっている、と考えてはいけない理由は、何もないだろう。すなわち、そのときメタバースの外側にある物理空間もまた、一つのメタバース的な世界であることになるだろう。

メタバースこそが「もう一つの現実」を可能にする、と考えることは、こうした現実を覆い隠すものとして作用する。つまり物理空間には、実際には多様なリアリティがありえるにもかかわらず、そうしたことはまったく起こっておらず、物理空間にはたった一つの現実しか成立しないことになってしまう。つまりそこでは物理空間におけるリアリティの多様性が見失われるのだ。

「はじめに」でも述べたように、私たちは物理空間における制約から逃れようとしてメタバースを欲望している。そうした言説において、物理世界はあたかも私たちの自由を奪う不変の牢獄であるかのように語られる。しかし、そのようにメタバースを欲望することは、それ自体が、かえって物理空間の牢獄的性格を強化することになるのかも知れない。私たちは、物理空間から解放されたいと願うことによって、物理空間に自らを束縛しているのかも知れない。

いずれにせよ、メタバースを「もう一つの現実」として認められない理由は、特にないだろう。問題なのは、それが私たちの生きる物理空間と、どのように関係するのか、ということだ。物理空間においてもリアリティは多様である。では、メタバースはそうした多様なリアリティの一つであり、その限りにおいて、物理空間におけるそれと並列するものとして捉えてもよいのだろうか。その場合には、物理空間と仮想空間の区別そのものが失われることになるが、そうであっても何も問題はないのだろうか。あるいは、もしも両者の間に違いがあるとしたら、それは一体何なのだろうか。もし、同じように多様なリアリティが構造されていくにもかかわらず、物理世界のリアリティにはあって、メタバースのリアリティにはないものがあるとしたら、それは一体何なのだろうか。そしてそれは、私たちの存在にとって、どのような意味を持っているのだろうか。

こうした問題に、いまここで結論を出すことはできない。しかし、私たちはこれからメタバースの様々な論点と向かい合うなかで、何度もこの問いに立ち返ることになるだろう。

第3章　メタバースとアイデンティティ

メタバースは私たちにとって「もう一つの現実」である。そうであるとしたら、それはユーザーのアイデンティティにも大きな影響を与えるだろう。すなわち、メタバースで生きるユーザーは、物理空間とは異なる「私」、つまり「もう一人の私」を獲得することになる。

たとえば、物理空間では臆病で神経質なユーザーが、メタバースでは勇敢で大胆な人物に変わることができるかも知れない。しかし、ヘッドマウント・ディスプレイを外し、物理空間に帰ってきたとき、そのユーザーは再び臆病で神経質な人物に戻っているに違いない。メタバースと物理空間を行き来するこのユーザーのアイデンティティは、あたかも、その二つの現実に引き裂かれているかのように思える。

このとき、メタバースにおいて成立する「私」、いわば「もう一つの現実」に生きる「もう一人の私」とは、いったい何者なのだろうか。そしてそれは、物理空間における「私」とどのように関係するのだろうか。

本章では、こうした問題について考えていこう。

「私」からの解放

メタバースは私たちのアイデンティティにどのような影響を与えるのだろうか。それを考える前に、まず、そもそもなぜ私たちがメタバースのうちに「もう一人の私」を見出そうとするのかを、検討しておこう。もちろんそれは、ただ楽しいという理由に尽きるのかも知れない。しかし、そもそもなぜ、私たちはそれを楽しいと思うのだろうか。

加藤直人はその理由を、「どうしようもない現実からの解放」のうちに見出し、次のように述べている。一部は、「はじめに」でも引用した文章だが、改めて確認してみよう。

すべての人間は、どの土地に生まれるのかも、どの人間の子どもになるのかも選ぶことはできない。生まれが大都市か地方か、家庭が豊かか貧しいか。人間は条件によってまったく異なる人生を歩む傾向にある。

それだけではなく、自身の「遺伝子」も自分で選ぶことはできない。生まれ持った顔や身体を全肯定できる人はどれほどいるだろう。僕自身も、この自分の身体について諸手を挙げて大好きだなんて微塵も思ってはいない。

そう考えると、現実の拡張であるARではなく、現実そのものを作り変えてくれる

VRに惹かれる人が多いはずだという指摘はとても腑に落ちる。

メタバースに対する希望の1つは、現実の自分がとらわれざるをえない、土地・環境・身体から解き放たれることにあるのかもしれない。*1

土地・環境・身体は、私たちのアイデンティティを成り立たせる重要な諸要素である。しかし、それらは基本的に出生時に選択の余地なく与えられるものである。自分自身を成り立たせるこれらの諸要素を、自分で選ぶことはできない。つまり私たちは、自分で選んだわけではないものによって、条件づけられ、形成されているのだ。考えてみれば、これは不条理であるようにも思える。その不条理さこそが、加藤の言う「どうしようもない現実」の内実に他ならない。

メタバースはそうした物理空間の不条理さに対する救済となりうる。なぜなら、そこでユーザーは自分の意志ですべてを選択し、デザインすることができるから――少なくとも、そうであるかのように見えるからである。

もっとも、加藤が「解放」と呼ぶこのメタバースへの希望は、同時に物理空間からの「逃避」でもあるだろう。不条理から解放されようとすることは、不条理に向かい合うことを拒否し、不条理を受け入れまいとする態度でもある。メタバースがある種のユートピアであるのは、私たちが、自分で選んだわけでないものによって、自らが条件づけられることを、拒否するからだ。この意味において、メタバースにおける「私」は、物理空間における「私」の否認によって動機づけられている、と言える。

不条理と自由

美学者の難波優輝は、メタバースをめぐる言説に漂う、こうした「逃避の匂い[*2]」を批判する。前述の通り、人間は自分で選んだわけではない身体によって生まれてくる。その「逃れがたいこの身体を生きて、私たちはストレスと抑圧に押しつぶされ、挫折を味わい続ける[*3]」。しかし、そうした経験を積み重ねることによって、自分の「顔に責任を持つ[*4]」ことが可能になる。つまり、物理空間において与えられたこの身体を受け入れることによって、はじめて、「私」は自分のアイデンティティを形成することができる、ということだ。

難波は、このように、自分自身で選んだわけではない自分を、それでも自分であると受け入れること、そうした仕方で自分を引き受けることのうちに、「独特の美しさ、独特な格好良さがある[*5]」と指摘し、そうした美的な価値を「いき」と呼ぶ。「自身の身体のどうにもならなさと付き合いつつ、隠したり、活用したり、改変したり、諦めながらも抗いながら、自分がありたいようにあろうとして、美的によくあろうとする『いき』がある[*6]」。

それに対して、不条理からの逃避を志向するメタバースへの欲望に、そうした「いき」の可能性はない。彼は次のように述べる。

メタバースではいきは不可能である。与えられた身体を受け入れながら抗う必要などないから。与えられた環境を受け入れながら克服する必要はないから。身体は与えられるのではなく選ぶ。環境は受け入れるのではなく作る。ここにいきの契機はない。メタバースにいきの可能性はない。*7

もちろん難波は、だからメタバースを使うことは正しくない、と主張しているのではない。ただ彼は、それが美しくない、と主張しているのだ。たしかに、不条理から解放されることを望む人はいるだろう。そしてそれは個人の自由だろう。しかし、少なくともそれは美しい生き方であるとは言えない、と彼は主張するのである。

加藤と難波は、メタバースにおける「もう一人の私」に対して、一見すると正反対の評価を寄せているように見える。しかしよく考えてみると、実はいくつかの点で、両者は重要な前提を共有している。

第一に、両者はともに、物理空間における「私」を偶然性に委ねられた不条理な存在として捉え、それに対してメタバースにおける「私」を、自由にデザインされた存在として捉えている。ここでは、物理空間の「私」と仮想空間の「私」が、それぞれ、不条理な「私」と自由な「私」の対比として説明されている。加藤は前者を否定し、難波は前者を肯定しているのである。

第二に、両者はともに、物理空間における「私」を、ただ一様にしか存在しえない単独の存在として捉え、メタバースにおける「もう一人の私」がそれを分裂させる、と考えている。物理空間における「私」はたった一人しか存在しない。難波の発想に従うなら、その物理空間における単独の「私」こそが、本来の「私」なのである。

「個人」から「分人」へ

これに対して、バーチャル美少女ねむは、そもそも人間のアイデンティティを単独の主体として捉える発想に対して、疑問を投げかけている。

ねむによれば、現在の社会では「個人主義」と呼ばれる思想が主流になっている。「個人」とは英語で「individual」だが、語源的には、この言葉は「分割的でない」という意味を持っている。つまり、人間をそれ以上分割できない最小の単位として、単独化された主体として捉える思想が、個人主義に他ならない。

しかし、個人主義だけが、人間のアイデンティティを説明しうる唯一の発想ではない。

ねむは、これとは異なるアイデンティティの捉え方として、「分人主義」と呼ばれる思想を紹介している。

「分人主義」では、人間を分割可能な「分人（Dividual）」として捉えます。つまり、ひとりの人間の中にはいくつもの人格（分人）があり、その集合体が人間であるという考え方です。家族と一緒にいるとき、友人と過ごしているとき、仕事をしているとき、そして匿名でインターネットをしているとき、口調や態度・性格は大きく変わるはずです。たった一つの「本当の自分」を追いかけるのを止めて、対人関係ごとに見せるこれら複数の顔全てを「本当の自分」として認めよう、ひとりの人間の多様な側面を認めよう、という考え方です。*8

すなわち分人主義とは、人間を単独化された主体として理解するのではなく、他者との関係性のなかで異なりうる主体として理解する立場である。これから述べるように、分人主義は作家の平野啓一郎によって提唱された概念であり、ねむも基本的には平野の思想を継承している。

ねむによれば、メタバースはまさに分人主義を体現する場として機能している。なぜならそこでは、私たちは物理空間とは異なる声・名前・身体によって、普段とはまったく違ったコミュニケーションをするからだ。前述のように、物理空間では臆病で神経質なユーザーが、メタバースでは勇敢で大胆な人物に変わる、という事例は、その典型である。
しかし、それでは分人化された諸主体は、すなわち様々な現実を生きる「私」は、どのように一つのまとまりをもった存在として統合されるのだろうか。それとも、それらはバラバラに分裂したまま存在するのだろうか。ねむはそれを説明するために、次のような形而上学的なアイデアを提示している。

いま、高次の宇宙であるメタバースでは、いくつもの現実、スクリーンを作り出すことができます。これまで意識することすらできなかったあなたの「魂」に、いろんな角度から光を当ててみてください。美少女のかたちの影ができるかもしれません。人のかたちをしていないかもしれません。きっと思いもよらぬ「あなた」のかたちがみつかるはずです。「魂」が立体物であるなら、一つの光だけでその全貌を捉えることは不可能だったのです。複数の光を、表だけでなく裏からも当ててみる必要があったのです。

つまり、分人と言っても、私は多重人格になったわけでは決してありません。私という存在が分断されてしまったわけではなく、「私」の同一性を保ったまま、「ねむ」という新しい側面から自分自身の魂を立体的に捉え、自己をより深く理解することができるようになったということなのです。

メタバースでは、私たちは一つ上の次元にシフトし、神の視座から、物理現実では知覚すらできなかった自己の「イデア（本質）」と向き合うことができるのです。[*9]

ねむの主張は次のように整理することができるだろう。

まず、人間には自己の「イデア」がある。それは「魂」とも言い換えられる。その物理空間において、イデアはある特定の側面を呈示する「私」として出現する。

しかし、メタバースという新たな「スクリーン」によって、「私」は物理空間とは異なる側面を出現させることができるようになった。彼女は、光とスクリーンという比喩を使うことで、両者の関係を巧妙に説明している。すなわち、一つの光から複数のスクリーンに像を映すことが可能であるように、一つの「イデア」から複数の現実へと「私」を存在させることが可能になるのだ。

そのように映し出された「私」は、哲学の概念によって再構成するなら、「私」の「イデア」の現象である、と理解することができるだろう。したがって、分人化された「私」は、多様な人格を同時に維持しながらも、「多重人格」に陥ることなく、「私」の同一性を保つことができるのである。

こうしたねむの立場に従うなら、難波の批判は成立しなくなるだろう。なぜなら彼は、物理空間における「私」を、本来的な主体として特権化しているからだ。しかし、メタバースにおける「私」も、物理空間におけるとまったく同じ身分で、本来的な主体なのである。こうした理屈によって、ねむの主張は、前述の加藤のそれに代表されるような、メタバースの物理空間からの解放として捉える立場を、擁護することになる。

すべて「本物」の私

前述の通り、ねむが主張する分人主義という思想は、もともと、作家の平野啓一郎によって提唱されたものだ。その議論の背景にあるのは、個人主義において、自己のあり方が本来性と非本来性とに分割されることへの疑問である。彼は次のように述べる。

「**本当の自分**／**ウソの自分**」というモデルは、手軽でわかりやすい。このモデルでは、「本当の自分」と「ウソの自分」とのあいだに、明確な序列があり、価値を持つのは「本当の自分」の方である。嫌々ながら、愛想笑いで切り抜けたのは、その場限りの表面的な自分だった。学校で何となく満たされない、刺激に飢えている自分は、かりそめの姿に過ぎない。そう割り切ることで、「本当の自分」の価値を守ろうとする。[*10]

個人主義は、他者との関係のなかで現れている自分を、「ウソの自分」として、つまり非本来的な主体として切り捨てる。しかし、私たちは、社会生活のなかでいつも同じ自分でいるわけではない。他者との関係によって自分のあり方に変化が生じることは、普通に生きていれば避けられないことだ。そうである以上、個人主義は人間関係を欺瞞《ぎまん》的なものに貶めてしまう。

しかし、それは事実として正しくない。「私」は、休日に友達と関わっているときには陽気な性格かも知れないが、職場で同僚と関わっているときには、冷静沈着な性格かも知れない。しかし、そのどちらにおいても、「私」はなんら自分を偽っていない——そうしたことは、ふつうに成立しうる事態のはずだ。その当たり前の事態を説明できない以上、個人主義はアイデンティティの捉え方として十分なものではない。平野はそう考えるのである。

彼によれば、「**他者と共に生きるということは、無理強いされた『ニセモノの自分』を生きる、ということではない**[*11]」。そもそも個人主義が想定するような、「**たった一つの『本当の自分』など存在しない**」のであって、「裏返して言うならば、**対人関係ごとに見せる複数の顔が、すべて『本当の自分』である**[*12]」。そのように考えれば、私たちは自分自身をもっと豊かに理解できるようになるはずだ。

ここで、先ほどと同じ問いを立ててみよう。では、そのように分人化された諸主体は、どのように統合されるのだろうか。あるいはそれらは分裂したままであるのか。それに対して平野は、次のように述べる。

私という人間は、対人関係ごとのいくつかの分人によって構成されている。そして、その人らしさ（個性）というものは、その**複数の分人の構成比率**によって決定される。*13

平野によれば、人間は誰にでも個性がある。しかしその個性は、他者とのいかなる関係性によっても左右されない、独立した不変の性質として存在するのではない。むしろそれは、関係性のなかで現れる「私」のあり方の総体として、「分人の構成比率」として現れるのだ。したがって、分人はばらばらに分裂しているのではない。どれほどそれぞれが異なるように見えても、実際には、「私」は一つの個性へと収斂《しゅうれん》していくのである。

ここには、ねむと平野の間の、微妙な考え方の違いが示されている。前述の通り、ねむは自己のあり方を、「イデア」とその現象に区別していた。分人はイデアの現象として出現する。それに対してイデアは、そうした現象を超えた、いわば実体として存在する。それに対して、平野はそうした実体を認めない。もしも「私」に実体があるとしたら、それは彼にとってあくまでも他者との関係性のなかにあるのである。

しかし、こうした平野の回答には、さらなる疑問が寄せられるのだとしても不思議ではない。「私」の個性が、「私」の分人の構成比率であるとしたら、個性は分人に先行するものではなく、その結果として成立するものになる。つまり、分人に先行して、分人同士を統合するものは、何もないということになる。そうであるとしたら、ある分人がある個性へと収斂することの必然性は、いったいどのように説明されるのだろうか。

たとえば筆者を例にしてみよう。友達と関わるときの戸谷と、同僚と関わるときの戸谷は、まったく違った人間のように見える。しかし、それらは両方とも同じ人間である。だから、両方を重ね合わせたものが戸谷のアイデンティティである。たとえば、一年間という期間のなかで、二〇％の時間に友達と関わり、三〇％の時間に同僚と関わっているなら、その割合の比率そのものが、戸谷の個性として立ち現れるのだ。

ここで問題なのは、なぜ、「それらは両方とも同じ人間である」と言えるのか、ということだ。反対に言えば、なぜ、友達と関わるときの戸谷と、同僚と関わるときの戸谷は別の人間であり、戸谷と呼ばれているこの人間は二つの人格を有している、ということにはならないのだろうか。平野の発想では、この問題に回答できないように思われる。彼は、この二人の戸谷が同一性を有することを前提にしている。しかし、その同一性を支えているものは、何も存在しないはずなのである。

一方で、ねむの形而上学的な分人主義の解釈は、この問題に一応の回答を示すことができる。友達と関わるときの戸谷と、同僚と関わるときの戸谷が同一なのは、それらが、戸谷の「イデア」の現象に過ぎないからだ。そうした説明ができるなら、論理は破綻しない。しかし、だからこそ、ねむは別の問題を抱え込む。すなわち、ではその「イデア」とは何なのか、人間関係から独立に存在する自己の「イデア」なるものが、いったいどこに存在するというのか。彼女はそうした厄介な問題に直面せざるをえなくなる。これはこれで、容易には回答することができない難問だろう。

多重性の肯定

以上において検討してきた分人主義は、個人主義を否定するものでありながら、しかし、人格に対して単一の統合性を求めている。つまり、人間の人格は他者との関係性に応じて変容するものでありながら、しかし、その変容は単一のアイデンティティへと統合されうると考えられている。

しかし、そうであるとしたら、結局のところ分人主義は、人間のアイデンティティを離散的なものとして捉える思想としては、徹底されていないのだろうか。多様な分人が単一のアイデンティティへと統合されるなら、そのアイデンティティこそが、分人を束ね、還元する個人として、機能してしまうのではないだろうか。つまり、分人主義は再び個人主義に舞い戻ってしまうのではないか。

もしも、分人主義を個人主義と徹底的に対立させようとするなら、私たちはむしろ、人間の人格が分裂したものであることを肯定せざるをえないだろう。つまり、人間のアイデンティティが何らかの単一の主体へと収斂していくことそのものを、批判しなければならなくなるだろう。このような立場から、仮想空間におけるアイデンティティについて論じたのが、臨床心理学者のシェリー・タークルである。

タークルによれば、仮想空間——彼女が前提としているのは、九〇年代のオンラインゲームである——において、人間は物理空間とは異なるアイデンティティを獲得する。そのとき、仮想空間の「私」と、物理空間の「私」はまったく違う人間だ。しかし、そのように引き裂かれた「私」は、決して統合されない。「私」はあくまでも分裂したものとして存在するのだ。

彼女はそうした「私」の多重性を、あくまでも肯定的に評価する。なぜなら、人間に対して単一のアイデンティティを要求することは、かえって私たちの人生を息苦しくさせるからだ。タークルは次のように述べる。


アイデンティティが単一で固定的なものと定義されるなら、ある規範を逸脱したと気づいてとがめるのは比較的簡単だ。自己をもっと流動的にとらえれば、多重性を認める許容量が大きくなる。自分の（そして他人の）矛盾をはらんだおびただしい数のペルソナを受け入れやすくなる——ひょっとしたらユーモアをもって、もしかしたら皮肉をこめて。自分の多重性の要素を整然と並べたり審査したりしなければならないとは思わない。適合しないものを排除しなくてはならないとは思わない。*14

タークルによれば、人間のアイデンティティを「単一で固定的なもの」として定義する発想は、本来あるべき自分の姿に関する規範を課す。そうした規範によって、はじめて、私たちはその規範から逸脱した自分、つまり本来あるべきではない自分になる可能性が生まれてくる。そのとき私たちは、自分自身から疎外され、自分自身を否定せざるをえなくなる。それに対して、仮想空間におけるアイデンティティの多重性が認められるなら、そうした疎外はそもそも起こらない。

タークルは、アイデンティティに多重性を認めるそうした考え方を、「ポストモダン」の思想として位置づける。人間が単独の主体であり、一つの統合されたアイデンティティを持ち、それによって自分の人生に責任を負う——こうした一連の発想は、近代的な人間観に基づくものだ。アイデンティティの多重性は、そうした人間観を乗り越えようとするものに他ならない。そうした人間観の移行において、オンラインの仮想空間は重要な役割を演じるはずである。彼女は次のように主張する。

従来のアイデンティティの考え方は本物《オーセンティシティ》という概念と分かちがたく結びついていたが、そのようなヴァーチャル体験がこの概念をどんどんくつがえしている。各プレイヤーはキャラクターをいくつでもつくりだすことができ、いくつものゲームに参加することができる。自己は脱中心化されているばかりか、際限なく増殖しているのだ。*15

私たちはオンラインの仮想空間において、自分のアイデンティティを「際限なく増殖」させることができる。単なる可能性について語るのであれば、私たちは一〇〇体のアバターを操作し、その一つ一つでまったく別のアイデンティティを獲得することさえできる。そのようにして、私たちのアイデンティティは「脱中心化」していくのである。

「本当の自分」の行方

もしもメタバースが「もう一つの現実」であり、そこでユーザーが「新しい自分」を獲得できるのだとしたら、そこから、タークルの述べるようなアイデンティティの分裂に帰結するのだとしても、不思議ではない。彼女はそうした分裂をあくまでも肯定的に捉えている。しかし、その評価は果たして妥当なのだろうか。

現代スロベニアの思想家であるスラヴォイ・ジジェクは、こうしたタークルの評価に対して批判を寄せている。彼は、仮想空間における「私」を、決して「本当の自分」として認めない。確かに、私たちはそこで物理空間とは異なる「私」として存在するかも知れないが、それはしょせん、遊びに過ぎない。そうした遊びの中で立ち現れる「私」に対して、物理空間の「私」は、そのリアリティにおいて優位性を持っている、と彼は主張する。もっとも、だからといってジジェクは、タークルが批判する近代的な人間観へと、逆戻りするべきだと訴えているわけではない。そうではなく、仮想空間における「私」が価値を持つのは、それがあくまでも遊びの産物であり、物理空間における「私」――つまり「本当の私」――から一線を画すものであるからなのだ。彼は次のように述べる。

私が自分のセルフ－イメージをたんなる遊びと見なしているからこそ、私は、「隠された自分」を現実の生活において抑えつけている重石をいったん外し、潜在するリビドーを自由に外面化できるのである。現実の社会生活においては物静かで内気な男が、仮想現実において、気性の荒い攻撃的なペルソナとして自分を設定する場合、この男は、そのように自分を設定することによって、抑圧された自分、人前では見せられない自分の「本当のパーソナリティ」を表現していると言えるだろう。*16

ジジェクによれば、仮想空間において「私」が「もう一人の私」になれるのは、そこでは物理空間で押し殺されていた本当の欲望が、つまり「隠された自分」が表現されるからだ。それでは、なぜ、そうした欲望は仮想空間において解放されうるのだろうか。それは、仮想空間では物理空間を支配する「重石」が取り除かれているからである。ここで言う重石とは、社会から期待されている、あるいは自分が自分に課している「セルフ - イメージ」に他ならない。そのイメージは、「私」が抱いている「本当のパーソナリティ」を覆い隠す。物理空間で、「物静かで内気な男」として生きている人間は、「気性の荒い攻撃的な」部分が、あたかも存在しないかのように振る舞っている。仮想空間はそうした制約から人々を解放する。だからこそ、「私」はそこで、自分の本当の欲望を表現できるのだ。

しかし、ここには逆説がある。仮想空間が物理空間の「重石」を取り除くことができるのは、それがあくまでも遊びの空間だから、つまり「現実の社会生活」ではないからである。「私」は、仮想空間がどうでもよい場所であり、そこにいるのが現実の自分ではないと信じているからこそ、そこで自分の「本当のパーソナリティ」を表現できる。ジジェクは言う。「自分の欲動に関する隠された真理を私が分節化できるのは、スクリーン上でゲームをしているにすぎないという自覚があるからにほかならない[*17]」。しかし、そのようにして表現された「本当のパーソナリティ」が、すなわち「自分の欲動」が、必ずしも現実の自分を構成するわけではないのだ。

同じ構造を持った現象は、物理空間のなかでも生じうる。ジジェクは次のような例を挙げている。ここに、ある社会的な役割として結婚生活を演じ続けている夫がいる。彼は不倫をしており、不倫相手と一緒に過ごしているときにこそ、自分の本当の姿を表現できているような気がする。それに比べて、結婚生活のなかでは、彼は自分を偽り、絶え間なく演技をしている。彼にとって、夫としての自分は偽物であり、本当の自分ではないかのように感じる。しかし、妻と離婚するか否かを選択しなければならない状況に立たされると、彼は妻との結婚生活の方が、自分にとって重要だと考える。なぜ、そうした選択をするのか。それは彼にとって、不倫がただの遊びに過ぎないからだ。彼は、それが遊びだとわかっているからこそ、そこで自分の本心を表出できるのだ。もし、妻と離婚し、不倫相手と再婚するなら、彼はもはやその不倫相手の前で、かつてのように本心を表出することはできなくなるだろう。そのとき二人の関係は遊びではなくなるからである。

したがってジジェクによれば、「サイバースペースにおけるエージェントは、『もう一つの主体』ではなく、主体の自我、主体の代補としての自我にすぎない」*18。彼の考え方に従うなら、仮想空間において「私」が「新しい自分」でありうるために、物理空間と仮想空間の間には一線が引かれ、物理空間に優位性が認められなければならない。その差異を抹消し、物理空間と仮想空間の「私」をともに対等に「本物の自分」として認めるタークルの態度は、かえって、仮想空間で「新しい自分」が形成される可能性を閉ざすことになるのである。

物理空間の特権性

仮想空間におけるアイデンティティをめぐるジジェクの思想は、あくまでも物理空間に対して特権的な優位性を認めるものである。その議論は、前章において検討された、ハイパー・リアリティの概念と真っ向から対立する関係にある。

ハイパー・リアリティとは、オリジナルと表象の区別そのものが解消され、仮想空間と物理空間を区別できなくなる事態を指していた。それに対して、あくまでも物理空間の特権性を擁護するジジェクは、仮想空間が人々の欲望に応える場所であるためにこそ、それは物理空間から区別されなければならない、と考える。

しかし、この特権性の根拠はどこにあるのだろうか。前章で検討した通り、物理空間においてさえもリアリティは多様である。物理空間と仮想空間は、それが私たちにとって一つの現実であるという点では、変わらない。問題なのは、同じようにリアルであるにもかかわらず、物理空間にはあって、仮想空間にはない何かが存在するのかどうか、ということだ。ジジェクの主張が擁護されるのは、その何かが明瞭に説明され、そしてそれが私たちの生にとって持つ意味が明らかにされたときである。しかし、彼はそれに対して十分な説明を提示していない。

いずれにせよ、アイデンティティをめぐって問題なのは、物理空間における「私」と、仮想空間における「もう一人の私」が、どのような関係を交わすのか、ということだ。それを明らかにするためには、私たちの人格や行動をもっとも著しく変容させる属性に注目するのが有効だろう。そうした属性の一つが、性別である。こうした観点から、次章では、メタバースにおけるジェンダーのあり方を検討してみよう。

第4章　メタバースとジェンダー

あなたがメタバースでアバターを使用するとしたら、そのアバターにどんな性別を与えるだろうか。

報告されているところによれば、メタバースにおいて、多くのユーザーは女性のアバターを使用しているという。男性ユーザーが好んで女性のアバターを使う傾向にある一方で、女性ユーザーが男性のアバターを使うことは、ほとんどないのだそうだ。

もしも、メタバースが「もう一つの現実」であり、そこで私たちが「もう一人の私」になれるのだとしたら、物理空間において男性のユーザーが、メタバースにおいて女性のアバターを使用しているとき、そのユーザーは現実に女性になっている、ということになる。しかし、この想定は事実として正しいのだろうか。そして、もしもそうであるとして、そのときに「女性になっている」ということは、いったい何を意味しているのだろうか。

ジェンダーをめぐる問題に注目するとき、物理空間と仮想空間の関係は、そう単純には区別できないことが明らかになってくる。本章では、その複雑で錯綜した関係に光を当てていきたい。

「アバター」とは何か

メタバースにおけるジェンダーを考えるのに先立って、議論の前提として、アバターという概念について確認しておきたい。

「アバター（avatar）」は、サンスクリット語の「アバターラ（avatāra）」に由来する、「権化」や「化身」を意味する言葉である。ヒンドゥー教では、神は何らかの化身となって人間界に姿を現す、と考えられていた。その化身となる姿のことが、アバターラに他ならない。この言葉が、仮想空間におけるユーザーの分身という意味で使われるようになったのは、「Ultima IV: Quest of the Avatar」や「Habitat」といったオンラインゲームや、小説『スノウ・クラッシュ』といった作品においてである。*1

この意味においてアバターは、単にユーザーが動かすことのできるキャラクターに留まるものではない。むしろそれは、そのユーザーの「化身」であり、ユーザーとの強い同一性を含意している、と言える。

ただし、化身である、ということは、ユーザーとアバターが完全に同化することを意味しない。ユーザーにとってアバターはあくまでも「仮」の姿である。「化身」という概念は、そうした仮象性を前提にしなければそもそも成立しないからだ。したがって、ユーザーとアバターの間には、強い同一性がありながらも、同時にそこには差異も認められなければならない。

そうしたアバターの仮象性こそが、ユーザーにとって、使用可能な身体の可能性を拡張する。ユーザーは、物理空間の自分とはまったく違った身体のアバターを、しかし、「もう一人の私」だと思うことができるのだ。実際、アバターの身体的な外観は多様である。バーチャル美少女ねむは、現在のメタバースで利用されているアバターを、次のように分類している。

〈人間型〉

①「人間」：現実の人に近い人間型。（例）アニメ風の美少女、現実そっくりのリアルアバターなど。

②「亜人間」：動物の耳や尻尾や羽が生えているなどファンタジー要素のある人間型。（例）猫耳美少女、狐のお姉さん、翼が生えている天使など。

③「人型ロボット・サイボーグ」：身体の一部もしくは全体に機械要素のある人間型。（例）サイボーグ少女、戦闘ロボットなど。

〈非人間型〉

④「動物」：実在する動物、人型でないもの。（例）パンダ、ネズミ、フクロウなど。
⑤「植物」：実在する植物、人型でないもの。（例）ネギ、樹木、ダイコンなど。
⑥「モンスター」：実在しない生物、人型でないもの。（例）触手エイリアン、ドラゴン、スケルトンなど。
⑦「その他」：上記いずれにも該当しないもの。（例）オシロスコープ、車、非人型ロボットなど。[*2]

「ソーシャルＶＲ国勢調査２０２１」の結果では、もっとも使用頻度が高いアバターは「亜人間」である。その理由として挙げられるのは、「猫耳やしっぽ、羽など特徴的な要素が存在することで、単純な「人間」よりも個人の個性が出しやすい」[*3]ということだという。

しかし、これほど多様なアバターの可能性があるにもかかわらず、使用されているアバターの性別については、「ソーシャルＶＲ国勢調査」によれば、物理空間における性別に関わりなく、男女ともに八割弱のユーザーが女性型アバターを使用している。ここには明らかに偏りが見られる。いったいなぜ、メタバースのユーザーは、女性のアバターを好んで使用するのだろうか。

仮想空間におけるジェンダー・スワッピング

この疑問に対しては、さしあたり、次のような仮説を立てることで回答できるだろう。すなわちそれは、メタバースにおいて女性であることに何らかの合理性があるから、つまり男性である限りは享受することのできない、女性のアバター特有の価値が存在するからである、というものだ。

しかし、この仮説には疑問が寄せられたとしても不思議ではない。少なくとも物理空間では、私たちの社会には依然として根強い男女差別が存在している。男性が様々な点で優遇されているのに対して、女性な不利な立場に置かれている。そうであるとしたら、メタバースにおいても男性のアバターを使用することが合理的だということになるのではないか。それに対して、あくまでもメタバースにおいて女性のアバターを利用することの合理的な価値は、いったいどこにあるのだろうか。

タークルは、九〇年代のオンライン上の仮想空間を手がかりにしながら、男性のユーザーが女性のキャラクターを使用する行為を「ジェンダー・スワッピング」の一種として捉え、その意味を分析している。彼女によれば、仮想空間においてジェンダー・スワッピングをすることは、物理空間でそうするよりも、はるかに容易である。たとえば、もしも物理空間で男性が女性として振る舞おうとすれば、「からだのいろいろな部分の毛を剃《そ》らなくてはならないだろう」し、「化粧をして、たぶんかつらをつけて、女性の服を着てハイヒールをはかなくてはならないだろう」。しかし、仮想空間であれば、こうした手間はごくわずかで済む。すでに用意されているアバターのデータを使えば、ワンクリックで女性になることができる。[*4]

しかし、このようにジェンダー・スワッピングした男性ユーザーは、そこで多くの困惑を経験することになる。タークルは次のような事例を紹介している。

ある男性ユーザー（ここでは仮にAと名付けよう）は、オンラインゲーム上では女性を演じている。そのゲームのなかで、Aはロースクールに通いたいと思った。そのためには、多額のゲーム内通貨が必要であり、裕福な他のユーザーから出資してもらわなければならない。Aは、自分のことを支援してくれる男性ユーザー（Bと名付けよう）と知り合うことができた。ところがその男性ユーザーBは、契約としてAに結婚を迫ってきた。Aがその契約に同意すると、Bはあたかも自分の所有物であるかのようにAを扱うようになった。その言動に、Aは「心理的に大きなダメージ」を受け、「私は今、ゲームをプレイすることに苦痛を感じている」と述べたという。

こうした事例に基づいて、タークルは、「ヴァーチャルな女性になるよりもヴァーチャルな男性になるほうが楽しそうだ」[*5]と、指摘している。

メタバースにおいても、同様の問題が起こることは容易に想像できる。物理空間においても女性へと寄せられる様々な差別的言動が、メタバースにおいて女性のアバターを使用するユーザーにも、同様に寄せられる可能性はある。しかし、そうであるにもかかわらず、現実はタークルの予見を裏切っている。メタバースにおいて、日本人ユーザーのほとんどが女性のアバターを使用しているのだ。この矛盾を、私たちはどのように考えればよいのだろうか。

アバターとジェンダー規範

ここで注目するべきことは、タークルが、物理空間におけるジェンダー差別を、仮想空間においても反復しうるものとして捉えている、ということだ。つまり、物理空間で女性は差別されているのだから、それと同様に、仮想空間でも女性は差別されているだろう、と想定されているのである。仮想空間において男性のキャラクターを使用することが合理的である、という彼女の主張は、そうした前提に基づいている。

この前提は、メタバースをめぐる議論でも踏襲されている。たとえば、チャーマーズは、「現実世界で抑圧をおこなっている源がバーチャル世界にも送りこまれることは容易に想像できる」のであって、「バーチャル世界では新しい姿を持つことによって、アイデンティティは複雑になるかもしれないが、抑圧の源は排除できないだろう」[*6]と指摘している。つまり、物理空間で起きている抑圧は、メタバースにおいても反復されるし、そうした抑圧をメタバースの仮想性そのものが解決することはできない、と予見されているのである。

しかし、それではなぜ、物理空間におけるジェンダー差別が、メタバースのなかにも流れ込んできてしまうのだろうか。

ここで注意するべきことは、美術史家・アーティストの近藤銀河が指摘するように、「アバターの身体は言説によって構築された物質であり、そうであるから強い意味を持つ」[*7]、ということだ。第二章で述べた通り、ラカンは現実を言語によって構造化された世界として説明した。一見すると、言語と関わりがなさそうに見えるアバターの身体も、そうした構造のなかで意味づけられている。たとえば、アバターが女性なのか否か、その髪型がどのようなものであり、どのような服装をしているのか、そうしたことの一つ一つが、そのアバターが何者であり、どのように扱われるべきであるか――たとえばそのアバターに高圧的な態度を取っても許されるのか否か――を指示するメッセージになる。

問題なのは、そのようにアバターを意味づけしている構造そのものが、ジェンダー規範に基づいている、ということなのだ。だからこそ、物理空間の差別構造が、そのままメタバースにも流れ込んでくる。なぜなら、その構造に基づかなければ、アバターの身体をデザインすること自体が不可能になるからである。近藤によれば、「アバターというまさに言語によって作られた身体が、しかしそうであるからこそ身体を持つものが自身の言葉によってアバターを自由に決定することができない」[*8]。それは、言い換えるなら、私たちにはアバターの性別を選択したり、その外見のディティールを編集したりすることはできるけれど、その一つ一つがそれによって意味づけられるところの構造そのものを編集することはできない。アバターのデザインはその構造を前提にして成立しているからである。

しかし、改めて繰り返すが、そうであるにもかかわらず、ほとんどのユーザーは女性のアバターを使用しているのである。なぜ、物理空間のジェンダー規範が言説として共有されているメタバースにおいて、不利を被りながら、それでも女性のアバターが選ばれているのだろうか。

この問いに回答しうる仮説として、次のようなもの——筆者が最初に挙げた仮説を補強するもの——が考えられる。すなわち、チャーマーズや近藤の想定とは異なり、メタバースでは物理空間のジェンダー規範が前提にされていないからだ。だから、そこでは女性であることに合理的な価値が生まれ、多くのユーザーが女性のアバターを使っているのである。

第二章で述べた通り、メタバースが「もう一つの現実」であるのは、それが物理空間とは異なる仕方で構造化された象徴界であるからだ。それが可能である以上、メタバースでは物理空間におけるジェンダー規範が解体され、そこには新たなジェンダーの捉え方が成立している。女性であるからといって不利を被らず、差別されることもない、ユートピアのような空間が成立している――そのように考えることができれば、整合的な説明が可能であるように思える。

結論から言おう。この仮説は間違っている。しかし、それはなぜなのか。その理由を、少し違った角度から考えてみよう。

バーチャル美少女受肉

ねむによれば、特に日本社会において、男性ユーザーが美少女のアバターを使用することは、「バーチャル美少女受肉」という言葉で知られており、縮めて「バ美肉」と呼ばれている。もっとも、バ美肉は必ずしもメタバースに固有の現象ではなく、たとえばYouTube上で美少女のアバターを使用してコンテンツを配信するVTuberと呼ばれる人々によって広められた。ねむは、こうしたバ美肉文化が、メタバースにおけるジェンダー・スワッピングを容易にしている、と指摘する。

それでは、人々はなぜバ美肉するのだろうか。ねむはその理由を次の三つの点から説明している。

第一に、「可愛くなりたい」からである。多くのユーザーは、「単にアバターの外見が好みであるため」、女性のアバターを使用している。メタバースにおいて女性のアバターを使用している男性ユーザーの大半は、この理由を挙げていたという。

第二に、「感情表現をしたい」から、つまり自分が思っていることをより率直に相手に伝えたいからである。しかし、なぜ、女性のアバターと感情表現が結びつくのだろうか。おおむねによれば、それは男女でコミュニケーションにおける自己開示への抵抗感に違いがあるからである。男性は「男は黙って×××」といった規範に代表されるように、「男性は寡黙で感情を表に出さないこと」が美徳とされ、「あからさまに感情を表現することはあまり受け入れられない場合が多い」。それに対して女性は、男性よりも感情表現することが社会的に許容されており、「感情表現をしても威圧感が与えづらい」。したがって、物理空間では感情表現を抑制していた男性ユーザーは、バ美肉することによって、その抑制から解放されることができるのだ。

第三に、「相手と距離を縮めたい」から、つまり「女性アバター同士だとコミュニケーション時の物理的な距離が縮まりやすく、結果的に心理的な距離感も縮まりやすい」からである。このことは、翻って言えば、男性同士だと物理的な距離も心理的な距離も遠くなる傾向にある、ということを意味する。実際、男性同士よりも女性同士の方が身体的なスキンシップへの許容度が高いと言われているため、この理由が挙げられていることに不思議はない。*9

以上のうち、第二と第三の理由は、物理空間において男性が囚われているジェンダー規範から、男性ユーザーを解放するものとして、考えることができる。男性は、感情表現や身体的スキンシップをジェンダー規範によって禁止されている。むやみに自分の気持ちを開示すること、他者の身体に触れることは、「男らしくない」と評価され、批判される。しかし、男性がそうした欲求を持つのだとしても不思議ではない。そのとき、その欲求を実現させるために、メタバースにおいてユーザーはバ美肉するのだ。

私たちはここに、メタバースにおいて女性のアバターが使用されることの合理的な価値が示唆されている、と考えることができるだろう。すなわちそれは、男性ユーザーに対してより能動的な自由なコミュニケーションを取る可能性を開くのである。

ジェンダー規範への抵抗?

リュドミラ・ブレディキナは、バ美肉という現象を、日本におけるジェンダー規範への抵抗として説明する。

彼女によれば、そもそも日本社会において、「かわいい」という言葉は「大人の社会文化的責任からの解放として機能する」を意味し、「大人としては達成することができない幼少期や個人の自由の偶像化」として理解されている。すなわちかわいい存在は、ある意味では無責任ではあるが、しかし同時に、そうした責任を免れることによって自由に振舞うことができる、というポジティブな側面を有している。男性ユーザーは、バ美肉によって「かわいい」存在になることで、物理空間において抑圧されている自由を取り戻すことができるのだ。

前述の通り、バ美肉することでユーザーは物理空間よりも能動的に感情表現をし、身体的なスキンシップを取りやすくなるが、ブレディキナらは、そうした「覇権的な男性性への挑戦」として解釈する。それによって男性ユーザーは、物理空間における抑圧から解放され、自らのコミュニケーションへの願望を肯定できるようになる。

しかし、ここで次のような疑問が生じるとしても不思議ではない。すなわち、男性性から解放されるためにバ美肉することが必要なのだとしたら、それは本当にジェンダー規範への挑戦になっているのだろうか、ということだ。なぜなら、バ美肉されるアバターが女性である限りにおいて、男性は能動的・身体的なコミュニケーションをするべきではなく、女性にはそれが許される、という物理空間のジェンダー規範は、仮想空間においても依然として維持されているからだ。つまり、バ美肉によって能動的・身体的なコミュニケーションが可能なのは、それが物理空間におけるジェンダー規範を、つまり女性性に関する規範を利用しているからなのである。

そうであるとしたら、バ美肉は物理空間におけるジェンダー規範からの解放ではなく、むしろその強化であり、再生産である、ということになるのではないか。それに対して、ブレディキナらは次のような再反論を用意している。

バ美肉の外見はステレオタイプに見えるかもしれないが、デジタルのロールプレイに参加することで、参加者は男性や支配的な男性性に関連する社会的期待から距離を置くことができる。ユーザーは、生物学的な女性に基づかない女性らしさの概念を意識的に生み出し、作り上げるために、確立されたジェンダー・ナラティブの外部で演技をする。その代わりに、彼らの女性らしさは、メディアで見かける美しいキャラクターから作り出され、日常生活で経験する社会的圧力の外側で行動し、生きることを可能にする。[*10]

彼女らによれば、バ美肉における「美少女」は、そもそも物理空間における女性を指していない。それはむしろ、アニメやゲームなど、サブカルチャー作品において見出される女性のイメージによって構成されている。確かに、バ美肉されたアバターのほとんどは、写実的ではなく、極端に目が大きいなど、サブカルチャー作品における女性のイメージに特有なデザインを共有している。つまり、バ美肉において男性ユーザーは、決して物理空間における女性になろうとしているのではないし、そうである以上、ジェンダー規範を再生産していることにもならないのだ。

ただし、この再反論が妥当であるかは疑わしい。なぜなら、たとえ、物理空間における女性と、サブカルチャー作品における女性が異なる存在なのだとしても、それは両者が完全に無関係であることを意味しないからだ。

たしかに、社会学者の松浦優が指摘するように、物理空間における女性のイメージがサブカルチャーの世界へと置き移されるとき、あるいは仮想空間へと置き移されるとき、そのイメージが完全に再現されるわけではない。[*11] 仮想空間に再現された女性のイメージは、物理空間におけるそれを部分的に改変することで構成されている。それによって、物理空間における女性のイメージと、仮想空間におけるそれは、完全には一致しなくなる。しかしそれは両者が密接に連関することと両立する。むしろ、見方によっては、サブカルチャー作品における女性のイメージは、物理空間におけるジェンダー規範を、物理空間よりもさらに強固に誇張したものになるかも知れない。そして、そのように誇張されたジェンダー規範が、物理空間のジェンダー規範を、さらに拡大させるよう機能するかも知れない。

ジェンダー規範の再生産

物理空間を支配するジェンダー規範によって、女性は不利な立場に置かれている。そうであるにもかかわらず、メタバースにおいてほとんどのユーザーが女性のアバターを使用している。それはなぜか。それが本章の問いだった。

それに対して、筆者は次のような仮説を立てた。こうした現象が起こるのは、メタバースでは物理空間のジェンダー規範が機能していないからである。しかし、そこでユーザーが女性のアバターを使用している理由は、能動的かつ身体的なコミュニケーションを取りやすいから、というものだった。それは、あくまでも物理空間において女性に課せられているジェンダー規範を利用したものである。したがってこの仮説は間違っていたことになる。

むしろ私たちは、そこでは女性に課せられているジェンダー規範が有利に作用するから、メタバースにおいてほとんどのユーザーが女性のアバターを使用している、と考えるべきだろう。それは紛れもなくジェンダー規範の再生産である。そうである以上、バ美肉することが覇権的な男性性に挑戦することにはなりえない。なぜなら男性性は、そうした女性性から差異化されたものとして、維持され続けるからである。

たしかに、男性ユーザーは女性のアバターを使うことで、能動的に感情表現できるようになる。それは、寡黙であることを美徳とする男性性に対する反動として理解できる。しかし、能動的に感情表現するために、わざわざ女性になることを選択する男性は、それによって、寡黙を美徳とする男性へのジェンダー規範に同意している。それは男性性への抵抗ではない。もしも、男性性に抵抗しようとするのであれば、男性のまま能動的な感情表現を試みるべきであるからだ。

女性こそが能動的な感情表現に適した性である、というジェンダー規範は、コミュニケーションにおける女性の負担増大を正当化する。たとえば物理空間において、男女がコミュニケーションするとき、男性は寡黙であるべきなのだから、女性の方から自己開示をするべきである、という強制力が作動しているのではないか。女性は、男性の代わりに語り、自分の思いを説明してやらなければならない。多くの場合、女性はその役割を望んで引き受けているのではなく、ジェンダー規範に基づいて、仕方なく課せられているのではないだろうか。

そもそも、なぜ、男性が寡黙であるべきであり、女性が自己開示をするべきなのだろうか。それは、男性が知る主体であり、女性が知られる客体として、ジェンダー規範のなかで位置づけられているからではないだろうか。バ美肉は、そうした不均衡な役割関係を前提にした概念なのではないだろうか。

そもそも、「バーチャル美少女受肉」という言葉自体に、そうした明らかな不均衡さが表れている。「受肉（incarnation）」はもともと、神の子イエス・キリストが人類の救済のために地上に出現するという、キリスト教における秘儀を指す概念である。それは、地上の存在である肉に対して、それを超越した神的なものが宿る、という関係性のなかで成立する。そうであるとしたら、男性による女性のアバターの利用を受肉として理解することは、男性が女性に対して超越的な地位にある、ということを前提とした発想のように思える。あるいは少なくとも、そうした発想を強化する表現であるように思える。

もしも、バ美肉がキリスト教的な文脈から切り離されて使われているのだとしたら、それはそれで別の問題を喚起するだろう。そのとき「バ美肉」という名称は、どう好意的に考えたとしても、女性を「美しい肉」として形容する言葉になる。それは明らかに女性への侮蔑なのではないだろうか。

「もう一人の私」のジェンダー

メタバースは「もう一つの現実」であり、そこで私たちは「もう一人の私」になる。アバターを操作しているとき、ユーザーは、物理空間で抑圧された、本当の欲望を発露させることができる。しかし、それが可能なのは、メタバースがあくまでも仮象だからである。それが前章までの議論で明らかになったことだった。

同じことが、バ美肉においても起きている、と言えるだろう。ユーザーは、本当は能動的かつ身体的なコミュニケーションを取りたいと思っている。しかし物理空間ではそれを叶えることができない。だから、メタバースというシミュレーションの世界で、その欲望を叶えるために、女性になる。しかし、ユーザーにとってそれはあくまでも仮象である。

彼にとって優先されるのは物理空間における男性としてのアイデンティティなのだ。

メタバースは物理空間のジェンダー規範から切断されたユートピアではない。むしろそこでは、そうしたジェンダー規範が再生産され、強化されている。そうであるにもかかわらず、ユーザーが女性のアバターを利用しているのは、そこでは能動的・身体的なコミュニケーションを取ることに、高い価値が置かれているからだ。

では、そうした環境はどのように構築されているのだろうか。おそらくそれを可能にしているのは、メタバースに特有の空間的な没入性であり、VR技術によるインタラクティブなアバターの操作である。なぜなら、ユーザーはそれによって、他のユーザーと触れ合い、身体的な接触を伴うコミュニケーションをすることができるようになるからだ。そうした環境が準備されているということが、女性のアバターが重用されている要因の一つだろう。

ここで私たちは新しい問いに直面することになる。メタバースにおいて身体的なコミュニケーションが可能である、ということは、ユーザーがアバターを自らの身体だと見なす、ということだ。そのとき、ユーザーの身体にはいったい何が起きているのだろうか。物理空間の身体と、アバターの身体を自由に乗り換えることができる身体性とは、いったいどのようにして成立するのだろうか。そしてその二つの身体は、どの程度重なり合い、またどこに違いがあるのだろうか。

次章では、そうした、メタバースと身体の問題を検討していこう。

第5章　メタバースにおける身体

メタバースの独自性は、明らかに、そこで身体的なスキンシップが可能なプラットフォームである点にある。ユーザーはアバター同士を接触させ、疑似的に触れ合い、握手をしたり、抱擁したり、身体を撫でたりすることができる。そうしたスキンシップが、ユーザー同士の関係性をより親密なものにする。

こうしたスキンシップによって関係性が深まるのは、アバターがユーザーの「化身」であり、「もう一人の私」として捉えられているからだ。「私」のアバターが他者のアバターによって触れられているとき、「私」はあたかも自分が触れられているかのような感覚を抱く。そのようにして、ユーザーの身体はアバターに「同期」するのである。

物理空間にいるユーザーと、メタバースにいるアバターは、まったく別の外見を取ることもありえる。バーチャル美少女受肉したユーザーは、物理空間では男性だが、メタバースでは女性の形をとる。また、そもそもアバターが人間の形をしていなければならないわけではない。モンスターやロボットの形をしたアバターも存在する。

この意味において、物理空間とメタバースをまたぐ身体的な同期は、ユーザーが物理空間とは異なる身体を獲得すること、自らの身体を拡張することとして理解できる。本章では、それがどのようにして引き起こされ、そしてユーザーにとってどのような意味を持っているのかを、検討していこう。

ファントムセンス

そもそも、物理空間とメタバースをまたいで引き起こされる身体的な同期とは、どのような事態を指しているのだろうか。

通常、たとえばゲームをプレイしているとき、私たちは画面に表示されたキャラクターを操作する。そのとき、プレイヤーは自分の手足としてキャラクターを動かしていることになる。ただし、それは道具を使っていることとほとんど変わらず、そのキャラクターの身体とユーザーの身体が同期するわけではない。格闘ゲームでキャラクターが頬を殴られても、プレイしているユーザーの頬が痛むことはない。

それに対して、メタバースでは、アバターが何かに触れられたとき、ユーザーは自らの身体における同じ個所に、触れられたかのような感覚を抱くという。もちろん、それは錯覚なのだが、しかしそれが引き起こされるのは、ユーザーとアバターの身体が同期しているからだ。バーチャル美少女ねむは、この錯覚を「ファントムセンス（Phantom Sense）」と呼んでいる。

「ファントムセンス（VR感覚）」とは、「視覚」「聴覚」しか再現されない現在一般的なVR体験中に、本来感じるはずのないそれ以外のさまざまな感覚を擬似的に感じる現象のことです。[*1]

もっとも、メタバースを利用するすべてのユーザーがファントムセンスを抱くわけではない。それは、どのような出来事に対して、どの程度感覚が成熟しているかによって、現れ方が異なってくる。

ねむによれば、もっともファントムセンスを感じやすいのは、落下感覚である。アバターが高いところから落ちる。ユーザーが見ているディスプレイには、アバターが落下していく視覚的な映像を表示される。このとき、ユーザーが感覚しているのは、視覚的な情報だけのはずである。ところが、多くのユーザーは、まるで自分の身体が本当に地面に向かって落下しているかのような、重力の感覚を抱くという。たとえ、物理空間においては、椅子の上に座っているのだとしても、そうした感覚が生じるのである。

また、同じようにファントムセンスを生じさせやすい事象の例としては、風の感覚も挙げられる。木々や揺らす風が、遠くからこちらに迫ってきて、自分の顔にそって吹き抜けていく。そうした映像を見ると、ユーザーはまるで自分の顔にその風が当たったかのような触覚的な感覚を抱く。また、耳元で他のアバターにささやかれると、その吐息を自分の耳に触覚的に感じ、ぞわっとする感覚を抱くユーザーも少なくない。

これらは初歩的なファントムセンスであるが、これらが成熟していくと、より高度な錯覚を感じることができるようになる。たとえば、他のアバターに抱きしめられたり、頭を撫でられたりしたとき、実際に自分の身体が抱かれ、撫でられているかのような、触覚的な感覚を抱くことができるようになる。ねむによれば、こうした比較的高度なファントムセンスは「トレーニングや催眠術」によって後天的に獲得することができる。その具体的な方法としては、頭や顔など、ファントムセンスを感じやすい場所を、他のアバターから繰り返し手で撫でてもらい、自らも触れられている感覚を想像し、ユーザーとアバターとの間で感覚的な共鳴を引き起こす、というものがある。

「ソーシャルＶＲ国勢調査２０２１」によれば、ファントムセンスをもっとも感じやすい場所は顔と頭であり、次いで指と手であるという。また、興味深いことに、尻尾や猫耳など、物理空間には存在しない器官に対してファントムセンスを抱くユーザーも、一八％存在した。[*2]

ねむは、「ファントムセンス」という名称について、「幻肢（Phantom Limb）」に着想を得たものである、と述べている。幻肢とは、「交通事故などで失った身体の欠損部位の痛みを感じる現象を『幻肢痛（Phantom Pain）』などと言うように、物理的には存在しないはずの『幻の』身体部位」[*3]のことである。メタバースにおけるアバターもまた、物理的には存在しないはずの身体なのに、ユーザーに感覚を抱かせる。この点で、幻肢とファントムセンスは確かによく似ている。

もちろん、一つ一つのファントムセンスは、あくまでも個別の錯覚に過ぎない。しかしそれが繰り返され、ユーザーがその錯覚に慣れ親しんでいくことで、徐々にユーザーとアバターの身体は同期していく。そのときユーザーは、物理的には存在しないはずの身体を、自分の身体だと感じるようになる。

この現象は、身体とは何かという問題について、私たちに再考を迫るものだろう。メタバースは、物理的には存在しない身体を可能にする。しかし、常識的に考えれば、身体とは何よりもまず物理的に存在するものである。物理的に存在しない身体という、この不可解な現象を、私たちはどのように理解すればよいのだろうか。

物質としての身体

西洋の哲学史について、幻肢は、私たちの認識が陥る奇妙な事態の一つとして、しばしば関心を持たれてきた。たとえばデカルトは、『省察』のなかで、私たちの自然な判断が誤りうる例として、幻肢を挙げている。

あるとき私は、脚や腕を切断した人々から、いまなおときとして、そのなくした部分に、痛みを感じるような気がするという話をきいたことがあった。したがって、私の場合も身体のある部分に苦痛をおぼえたとしても、当の部分が私に苦痛を与えたのだと確信するわけにはゆかないように思われたのである。*4

デカルトは、このような現象が現実に存在することを知ることで、「私が感覚に対して寄せていたあらゆる信頼は、しだいにぐらついてきた」*5と言う。この体験が、彼を認識論的な分析へと向かわせる動機になるのだが、私たちにとって重要なのは、彼がこの現象を最初から間違った感覚であると決めていることだ。では、デカルトにとって、どのような身体のあり方が正しいものなのだろうか。

非常に大まかに言えば、彼はこの世界に存在するものを、延長するものと、思惟《しい》するものに区分する。延長するものとは、空間的に存在するもの、と言い換えることもできるだろう。それはさしあたり物体であると考えていい。それに対して、思惟するものは精神を指している。

物体は自然法則に従って運動する。あらゆる自然現象は、与えられた原因から、必然的にある特定の結果を引き起こす。自然を一つの巨大な機械のように捉える見方だ。実際、しばしば彼の世界観は、機械論的自然観と呼ばれる。

デカルトによれば、身体もまたそうした物体の一つであり、したがって自然法則の秩序に組み込まれている。実際に、彼は身体を「骨や神経や筋肉や血管や血液や皮膚からできている一種の機械」[*6]と呼んでいる。

しかし、その一方で、人間は精神も持っている。精神は、物体とは異なる実体のあり方をしているのだから、自然現象に支配されることなく、自由に物事を思考し、意志決定することができる。

そうであるとしたら、人間は互いに対立する二つの実体のあり方を、両方とも、自らのうちに抱え込んでいることになる。つまり人間は、身体については延長するものでありながら、精神については思惟するものなのだ。これは一般に心身二元論と呼ばれる発想である。

では、このように対立する身体と精神のうち、人間にとって重要なのはどちらだろうか。デカルトによれば、それは明らかに精神である。彼は、「私」が「私」であるために、身体を捨ててしまうことはできるが、精神を捨てることはできないとさえ考えている。


私は身体をもっており、これが私ときわめて密接に結びついているにしても、しかし私は、一方で、私がただ思惟するものであって延長をもつものでないかぎりにおいて、私自身の明晰で判明な観念をもっているし、他方では、身体がただ延長をもつものであって思惟するものでないかぎりにおいて、身体の判明な観念をもっているのであるから、私が私の身体から実際に分かたれたものであり、身体なしに存在しうることは確かである。[*7]

このようにデカルトによって提起された心身二元論は、心をめぐる現代の哲学的な議論のなかで、繰り返し批判的に参照されてきた。ここではそうした議論に深入りすることは避け、本書にとって重要だと思われる、次の二つの点を確認するに留めておきたい。

第一に、デカルトが幻肢をただの誤謬《ごびゅう》として退けるのは、彼にとって身体は何よりもまず物体として存在するものだからである。幻肢は、物体としては存在しないはずのものから、私たちが何かを感覚する現象を意味する。だからそれは間違った感覚なのだ。

第二に、デカルトは人間のアイデンティティにおける身体の意義を軽視している。人間のアイデンティティを成り立たせているのは精神であって、身体ではない。精神と身体はまったく異なる原理に基づく存在である。精神は身体によって支えられているわけではない。そうである以上、「私」はたとえ身体がなくても、精神として存在することができるのである。

欠陥の拒否

二〇世紀フランスの哲学者であるモーリス・メルロ＝ポンティは、このように物体としてのみ身体を捉える見方を、鋭く批判した。もちろん、身体が物体としての側面を持つことは否めない。しかし、こうした発想は、実際に私たちが自らの身体をどのように体験しているのかを、十分に説明しうるものではない。

再び、幻肢について考えてみよう。ここに事故で腕を失った人間がいるとする。そしてこの人間は、本来なら存在しないはずの腕の感覚を抱いている。デカルトの発想に従うなら、この人が感じているのは、存在しないはずの身体器官に関する錯覚である、と判断される。しかし問題なのは、こうした錯覚がなぜ引き起こされるのか、ということだ。

腕の欠損が欠損として感じられるのは、それがもともとあった状態と対照されるときである。たとえば私たちは、自分に尻尾が欠損していることを感じない。なぜなら、尻尾はもともと私たちに存在しないからである。それに対して幻肢の患者は、ただ腕がない人なのではなく、もともとは腕があったのに、今ではその腕がなくなってしまった人なのだ。たとえて言えば、まるでドーナッツの穴のように、その人が生きている世界には、本来あるべき腕が欠落しているのである。幻肢は、その穴を埋めるために引き起こされる現象なのだ。

そうであるとしたら、幻肢が引き起こされる根本的な原因は、腕という欠落を抱えた世界に、その人が生きているということだ。腕という特定の身体器官が問題なのではなく、それをあるはずのものとして構成された世界こそが、問題なのである。メルロ＝ポンティは、こうした世界を「地平」と呼び、幻肢をその地平に何らかの「欠陥」が生じることへの「拒否」として解釈する。

欠陥の否認は一つの世界に属しているという事実の裏面にすぎない。いいかえれば、われわれをわれわれの仕事や関心事や状況やなじみ深い範囲のなかに投げ入れる自然な運動を妨げているものを、ひそかに否定することにほかならない。幻像肢をもっているということは、腕のみがなしうるところのあらゆる行動の可能性を今もなお所持しているということである。つまり切断以前にもっていた実践の場を保持していることである。[*8]

ここで重要なのは、身体の「地平」が、決して物体としての身体の全体を指すのではなく、そうした身体によって織りなされる私たちの生活全体を指す、ということだ。

たとえば、朝起きたらまずベッドから身体を起こし、トースターでパンを焼き、コーヒーを淹れ、カーテンを開ける――こうした一連の動作を「私」が習慣としているとしよう。そのとき、こうした何気ない一つ一つの行動が、私たちの身体には深く沁み込んでいる。そして、それらと調和するようにして、私たちに開かれる世界も構成されているのだ。たとえば、トースターはちょうど「私」の手の届く高さにあり、そのすぐ横にパンのストッカーが置いてある。コーヒーカップは取り出しやすい棚の中に収められており、コーヒーとポットは隣り合って配置されている。トースターとポットから、カーテンがかけられている窓の間には動線が確保され、行き来を阻む家具は置かれていない。このように、「私」の身体がアクセスしやすいように、すべてのものが配置されている。だからこそ「私」は、トーストを焼き、コーヒーを淹れ、カーテンを開けるという行動を、一連の動作としてスムーズに行うことができる。

腕を失ったとき、こうした地平には様々な支障が生じる。朝起きて身体を起こすのに、腕以外の器官を使わないといけないかも知れない。トースターやコーヒーを淹れる方法も変えなければならないかも知れない。カーテンを開けることは、他の誰かに頼まないといけないかも知れない。そうした支障の数々が地平に「欠陥」をもたらす。そして、その欠陥を拒否するがゆえに、まるでまだ腕が存在するかのような、幻肢の現象が生じる。メルロ＝ポンティはそのように解釈するのである。

身体像と投射

　私たちが生きる世界は、私たちの身体によって構造化されている。メルロ゠ポンティは、そのようにして立ち現れる世界のあり方を、「身体像（schéma corporel）」と呼ぶ。[*9]ただし、身体像として開示される世界は、決して、自然に与えられた知覚だけによって構成されているわけではない。彼は、身体像がいかにして構成されるのかを明らかにするために、シュナイダーという患者の例を挙げている。

　シュナイダーは、ドイツの軍人であり、第一次大戦で頭部を損傷したのち思うように自分の身体を操作できなくなる症状があらわれた。たとえば、目を瞑って手足を動かすように指示されても、そのように行動することができない。この患者は、自分が習慣的に行っていることであれば、問題なく行動することができる。たとえば彼は自然に鼻をかむことはできる。しかし、「自分の鼻を指してください」と言われて、その場所を指すことはできないのである。

　なぜ、シュナイダーは、鼻をかむことはできるのに、鼻の場所を指すことができないのだろうか。それに対するメルロ゠ポンティの説明は次のようなものだ。すなわち、鼻をかむことは習慣的な行動であり、そのとき患者は自分の行動を意識していない。しかし、鼻の場所を指すことは、習慣的な行動ではなく、自分の鼻がどこにあるのかを意識して、いわば自分の顔が鏡に映った姿を頭のなかで想像して、鼻がある場所を指示することになる。そしてこの患者は、このように自分を客観視し、自分の顔をイメージによって構築することができないのである。

そうであるとしたら、シュナイダーと同じ症例ではない健常者は、習慣的ではない行動をするとき、自然に与えられた知覚の上に、あるイメージされた空間を重ね合わせていることになる。メルロ゠ポンティは、こうした行動を「抽象的運動」と呼び、それが引き起こされるメカニズムを、次のように説明する。

抽象的運動は、具体的な運動が繰り広げられる充実した世界の内部に、反省と主観性の地帯をうがち、自然的（physique）空間の上に、潜勢的（virtuel）なもしくは人為的（humain）な空間を重ねる。それゆえ具体的な運動は求心的であり、これに反して抽象的な運動は遠心的である。前者は存在もしくは現実的（actuel）なもののなかで生起し、後者は可能的（possible）なもの、もしくは非存在のなかで生起する。前者は与えられた背景に執着し、後者はそれ自身その背景を繰り広げる。抽象的運動を可能ならしめる正常な機能は、運動の主体が自分の前に自由な空間を作りだし、そのなかで元来は存在しないものに存在するかのような外観を呈せしめる「投射」の機能なのである。*10

メルロ＝ポンティはここで、人間が置かれている空間を「自然的（physique）空間」と「潜勢的（virtuel）なもしくは人為的（humain）な空間」に区別している。自然的空間とは、いわば人間が無意識に行動しているときに前提とされる、ただ知覚として与えられるままの空間である。「潜勢的」空間とは、自然的空間の上に重ねられる、想像上のイメージされた空間である。たとえば自分の鼻を指示するとき、私たちは鏡に映った自分の顔を想像するが、そのように想像されたイメージは、自然に与えられた知覚ではない。しかし、そのイメージが自然的空間に存在する「私」の顔に重ね合わされることで、「私」は自分の鼻の場所を特定し、その場所を指示できるのである。メルロ＝ポンティは、そのように自然的空間の上に潜勢的空間を重ね合わせることを、「投射」と呼んでいる。

言い換えるなら、私たちが習慣的な行動を逸脱し、意識的に何かの行動をするとき、そこには自然に知覚されたのではないイメージが、つまり「非存在」が介在しているのである。そして、そのように現実には存在しないイメージが、潜勢的空間が自然的空間に重ね合わされることは、決して、人間に錯誤をもたらすわけではない。むしろ反対に、そうした投射をできないことこそが、人間を病的にするのだ。

ただし、イメージは文字通り潜勢的なのであって、決して一通りのものではない。この意味において投射は、私たちが生きる世界が多様な意味を帯びうるということを示している。同じ自然的空間にも、違った潜勢的空間が重ね合わされれば、そこは違った世界になる。

たとえば、ある公園で、ダンスの練習をしている人と、その公園の歴史に思いを馳せている人がいるとしよう。その二人は、同じ自然的空間を共有しながらも、まったく違った潜勢的空間を重ね合わせていることになる。すなわち、前者は、公園をダンスの舞台に見立て、そこに存在しない観客の視線や、自分自身に向かう照明の光をイメージする。一方、後者は、公園をあたかもタイムマシンのように見立て、その土地にかつて訪れていた、いまはもう存在しない人々の姿を、イメージする。そのようにして二人は、同じ場所にいながら、まったく違った世界へと開かれていることになる。

身体像の更新

身体像とは、私たちの身体によって構造化された世界であり、自然的空間に潜勢的空間が投射されることによって構成されるものである。ただしそれは、一度構成されてしまったら、もう二度と変えることができないようなものではない。むしろ私たちは、それまで培ってきた身体像を保持しながらも、新しい状況に適応するために、その身体像を更新することができるのである。

身体像がいかに更新されていくのかを説明するために、メルロ゠ポンティはオルガン奏者の例を挙げている。一つのオルガンで練習した奏者は、そのオルガンの特徴や癖を見抜き、響かせたいと思う音を何も考えずに鳴らすことができる。それは、そのオルガンと奏者の間に、ある身体像が形成されるからだ。

ところで、もし奏者が半人前だったら、別のオルガンで曲を演奏しようとすると、思った音を出せなくなるだろう。なぜならその奏者は、普段使っているオルガンとの間で身体像を形成しているからであり、オルガンが変わると、その図式が機能しなくなるからだ。これくらいの具合で鍵盤を叩けば、これくらいの具合の音が鳴るだろう――そうした、感覚が、新しいオルガンを前にすると使えなくなってしまうのである。

それに対して優れたオルガン奏者は、少し練習しただけで、新しいオルガンにも順応することができる。まるで、ずっとそのオルガンで演奏してきたかのように、思った通りの音を鳴らすことができる。*11

なぜ、そうしたことが起きるのだろうか。メルロ゠ポンティによれば、それはオルガン奏者のなかで、身体像の書き換えが行われるからである。新しいオルガンは、普段使っているオルガンとは異なったものである。そうである以上、普段使っているオルガンの身体像をそのまま使うことはできない。しかし、新しいオルガンを数度弾くことで、それまでに形成された身体像の構造は更新されていくのである。優れた奏者は、そうした身体像の書き換えをスムーズに行うことができるために、どんなオルガンも瞬時に使いこなすことができるのだ。

ここに示唆されているのは、身体像が、それを後から変えることができるということ、つまり可塑性を持っているということだ。見方を変えれば、幻肢は、こうした身体像の更新に失敗しているがゆえに生じる現象である、と考えられる。事故で腕を失くした人は、腕があった頃の身体像では、対応することができない世界に置かれることになった。だからこそ、自らの身体像を書き換え、腕がなくとも生活を送ることができる世界を、構造化しなければならない。しかし、そうした更新をすることができず、いつまでもかつての身体像に留まっていると、幻肢に苛まれてしまうのである。

ファントムセンスの身体性

こうしたメルロ゠ポンティの身体論に基づくとき、ファントムセンスが生じるプロセスは、次のように説明できるだろう。

まず、ユーザーはヘッドマウント・ディスプレイによって映像を視聴する。その映像──光と音──が与えるのは、自然的空間である。しかしそれは奥行きを持った物理空間とは異なる、ヘッドマウント・ディスプレイの密閉された空間に過ぎない。しかし、「私」

はその映像に、実際には存在しない奥行きを潜勢的空間として重ね合わせ、投射する。それによって、ヘッドマウント・ディスプレイに提示された映像は、「私」にとって一つの世界として開示され、メタバースにおける身体像が構成される。

ただし、「私」は物理空間の身体像をそのまま保持するのではなく、メタバースの世界に適応するために、これを書き換え、更新する。その更新によって、外見においては「私」に似ているとは限らないアバターを自分と見なし、自分の行動として、アバターを動かすことが可能になる。「私」は、歩くために、足を動かすのではなく、コントローラーのスイッチを指で押す。指を動かすことが、歩くことを意味する行動として、身体像が更新されるのである。

しかし、一方で「私」は、単にメタバースの世界に自分の身体像を最適化させるわけではない。なぜならファントムセンスは、むしろこの適用が成功しなかった場合に生じる現象だからだ。たとえば、アバターが頭を撫でられているにもかかわらず、自分の頭部に触覚を感じないことを、「私」は世界の欠陥として理解する。しかし、それが世界の欠陥であるのは、頭を撫でられると視覚情報に、頭部へ相応する触覚が随伴するはずだと、「私」が確信しているからだ。この確信は、あくまでも物理空間において「私」が形成する身体像であり、メタバースのそれではない。もしも身体像がメタバースに完全に最適化するなら、「私」は頭を撫でられる視覚情報が相応の触覚を伴わなかったとしても、それを不思議には思わないだろう。

そうであるとしたら、ファントムセンスにおいて成立する「私」とアバターの関係は両義的である。一方において、「私」はアバターに自分を同期させ、身体像を書き換える。そのとき物理空間において形成された身体像は更新される。しかし他方において、「私」は物理空間における身体像を依然として保持している。したがって「私」は、ある側面では身体像を更新しながら、ある側面ではそれを拒否するのである。物理空間における身体像の保持が、身体像の更新の意図的な遅延を意味するのか、あるいは書き換えられた身体像の意図的な修復を意味するのか、それは定かではない。しかし、いずれにしても、身体像が非斉一的に更新されていくということが、ファントムセンスが成立するためには必要なのである。

もっとも、このようにして成立するユーザーとアバターの身体的な同期を、ユーザーの肉体が持つ四肢と、アバターの単体のグラフィックの間の一致として捉えることは、メルロ＝ポンティの身体論に対する根本的な誤解だろう。そのとき同期が意味しているのは、ユーザーとアバターに開示されている世界の同期として理解されなければならない。それはつまり、ユーザーが物理空間において生きてきた世界が、メタバースのアバターにおいて構造化された世界によって、上書きされるということに他ならない。

メルロ＝ポンティが身体像を構成する契機として、「潜勢的（virtuel）」という表現を用いていることは示唆的である。潜勢的空間とは、言い換えるなら「バーチャルな」空間であり、一つの仮想空間である。そうである以上、メタバースがユーザーの身体像を更新することがあったとしても、なんら不思議なことではないのだ。

身体性をめぐる倫理

ねむはファントムセンスをメタバースが持つ新たな可能性として肯定的に評価している。たしかに、それはメタバースが他の様々な仮想空間プラットフォームに対して有する独自性ではある。しかし、同時に、だからこそメタバースは特有の危険性を抱える、ということも同時に指摘しておく必要がある。それは、ユーザーとアバターが同期するからこそ、アバターに対して暴力が行われた場合、ユーザーはそれを自分自身に加えられたものとして体験してしまう、ということである。

この問題を考える上で、しばしば参照される出来事がある。一九九三年にLambdaMOOというプラットフォームで発生した、オンライン上の強姦事件である。

このプラットフォームは、ユーザーがテキストで会話するウェブサイトで、メタバースのようなグラフィックは存在しない。ある日、ニューヨークのコンピュータからログインしたユーザーが、「ミスター・バングル」と名乗り、複数のユーザーが会話しているスペースにハッキングを仕掛け、ユーザー同士を強姦させた。

その後、被害女性の告発によって、事件は社会的に認知され、大きな議論を巻き起こすことになった。ジャーナリストのジュリアン・ディブルによれば、この女性はこの事件によって「トラウマ」を抱え、告発する際に大きな苦痛を感じていたという。*12

当時、議論になったのは、オンライン上で起きた強姦が、どの程度、現実の強姦だと見なせるのか、ということだった。実際に被害女性が体験したことは、目の前のディスプレイで自分のキャラクターが強姦されているテキストを読んだ、ということである。物理空間における彼女の身体には、誰も指一本触れていない。しかしこの被害女性は、それによってあたかも自分自身が強姦されたかのように感じ、実際にトラウマを抱えるに至った。彼女が現実に傷つけられたことは、紛れもない事実なのである。

この問題に対して、メルロ＝ポンティの身体論に基づけば、次のような解釈を提示することができるだろう。この女性にとって、自分が強姦されたかのように感じるのは、彼女がこのプラットフォームを潜勢的空間として自らの生きる世界に投影し、一つの身体像を構成していたからだ。だからこそ彼女は、自分のキャラクターが強姦されることを、自分自身が強姦されることとして体験したのである。

メタバースにおいても、同様の問題が喚起されるだろう。アバターと同期したユーザーは、自分のアバターが強姦される映像を視聴することで、実際に自分が強姦されたかのように感じ、極めて深刻な精神的危害を被る可能性がある。そしてそのダメージは、テキストベースのプラットフォームよりも、はるかに深刻なものになるだろう。当然のことながら、問題視されるべきなのは強姦だけではない。殴る、蹴るなどの一般的な暴力や、殺人もまた、極めて厳しく規制されなければならない。

ここには、メタバースにおいてユーザーがアバターと同期できるがゆえに生じる、倫理的な課題が示されていると言えるだろう。

第6章　メタバースと共同体

メタバースにおいて、ユーザーはアバターと身体的に同期する。それが、メタバースという仮想空間に特有なリアリティをもたらしていることは明らかである。それは、メタバースを「もう一つの現実」として、アバターを「もう一人の私」として理解することを促しながらも、同時に新たな倫理的課題を喚起しもする。

メタバースを支持する識者の多くは、こうした身体的同期を、あくまでも肯定的に評価している。一方で、九〇年代に活躍した何人かの思想家は、それに対して警鐘を鳴らしていた。そこで懸念されていたのは、概ね次のようなことである。すなわち身体的同期は、物理空間に根差した共同体から人間を遊離させる。そして、仮想空間には物理空間のそれに相当する共同体が存在しない。そうである以上、人間は共同体に帰属することができなくなり、人間らしい生を送ることができなくなるのではないか、ということだ。

こうした批判は、果たしてどこまで妥当なのだろうか。本章では、メタバースと共同体の関係を考察してみたい。

条件づけられた生からの解放

私たちが生きている物理空間には様々なリスク——戦争・災害・疫病など——が存在する。そしてその多くは、「私」がどの時代に、どの場所に生まれてきたのか、ということによって大きく左右される。そうしたリスクは「私」が取ることができる選択肢を限定する。場合によって選択肢のほとんどすべてが奪われることにもなりかねない。そうであるにもかかわらず、「私」は自分がどこに生まれてくるのかを選択することができない。

それに対して、仮想空間において、「私」は自分が置かれる環境を自由に選択することができる。場合によっては、自分がその環境そのものを創造することさえできる。そのとき、仮想空間は「私」を条件づけるものではなく、「私」は条件づけられたあり方から解放されることができる。本書が繰り返し述べているように、それが人々のメタバースへの欲望を喚起している。この欲望について、ジジェクは次のように述べる。

今日、われわれの肉体は、環境問題、エイズなどの危険によってますます脅かされて（いると思われて）おり、また、当世のナルシシスティックな主体は、実生活における他者との精神的接触によって極端に傷つきやすくなってもいるわけだが、こうした状況において、われわれはあたかも、生身の肉体を捨て去ることによって肉体的快楽に浸りきれる空間を再創造できるかのようなのだ。ようするに、以上のようなヴィジョンは、欠如と障害というものがない状態、仮想空間を自由に浮遊しつつも欲望は相変わらず息づいている……そういう状態を反映したヴィジョンなのである。[*1]

ジジェクによれば、物理空間における人間は、様々なリスクによって傷つきやすい存在である。それに対して、仮想空間は人間に自らの肉体を捨て去らせることで、そうした危険性が排除された、快楽だけを享受することができる理想的な空間を再創造する。仮想空間の魅力とは、そうした、条件づけられた生から解放されたいという私たちの「欲望」によって駆動されたものなのだ。

こうしたことは、部分的には、すでに現実の世界で起こり始めていることである。たとえば、二〇二〇年に始まった新型コロナウイルス感染症拡大によって、様々な場所で対面での会話が忌避され、その代わりにオンラインのビデオ会議システムが普及した。これは、それまでは物理空間における肉体によって行われていた行為を、疫病の危険性を回避するために、肉体を不要とする形で代替したという事例だろう。

しかし、ジジェクによれば、このように物理空間における肉体から解放されようとすることは、かえって、その肉体が環境へと依存していくことを促進する。彼は、物理学者であると同時に筋萎縮性側索硬化症（ＡＬＳ）の患者でもあったスティーヴン・ホーキングを例にとりながら、次のように述べる。

スティーヴン・ホーキングが現代という時代の偶像《アイコン》の一つと見なされているのも当然だろう。彼の頭脳は天才だ（ということになっている）が、その身体はほぼ完全に「メディア化」されているのだから。ホーキングは、人工器官の助けを借り、コンピュータが発する人工的な音声を用いて話す——周囲の環境への彼からの物理的な働きかけといえば、まだ何とか自由のきく右手の指で〔ボタンに〕かすかに圧力をかけることだけだ。ようするに、ホーキングの人気は、彼の体の自由を奪っていく病気と切り離せないのである。動くことのできない肉塊となってもなお、マシニックな代替器官という機械によって機能し続け、コンピュータのマウスをクリックすることを通じて世界とコンタクトを取り続けるホーキングの身体は、現在主観性が一般的にどんな状態にあるのかを物語っているのである。*2

ここで彼は、ホーキングの身体を蔑視しているのではない。そうではなく、ホーキングが「時代の偶像」となり、大きな人気を集めているのはなぜなのかを、分析しているのである。なぜ人々は、ホーキングについ注目し、心を奪われているのか。それは彼が、テクノロジーによって条件づけられた生からの解放を求める、現代の人々の欲望を反映しているからだ。しかし、それは同時に、彼の肉体がテクノロジーに取り込まれ、「メディア化」されている、ということを示してもいる。

ここには一つの矛盾が示されている。物理空間において、外部条件からの自由を求めて仮想空間へと移行することは、かえって、少なくともある側面では、物理空間における人間の外部条件への依存を深めることになるだろう。ジジェクはそのように予言するのである。

他者の喪失

もちろん、仮想空間が「もう一つの現実」として機能し、そこで物理空間と同等に有意味な生活が送れるのであれば、物理空間での肉体がどうなろうと構わないだろう。問題なのは、そうした社会生活がそもそも可能なのか、ということである。

この点について、興味深い問いを投げかけているのが、現代フランスの思想家のポール・ヴィリリオである。彼によれば、そもそも仮想空間は、「身体の配置、位置づけを限定できないもの」[*3]である。このことは、「仮想（virtual）」という概念そのものに含みこまれた性質である。バーチャルであるということは、潜勢的であるということであり、別でもありえるということだ。メタバースのユーザーは、いま自分がいる場所からただちに離脱し、別の場所に移動することができる。したがってユーザーは、いつでもいないことができる場所にしか、いることができない。言い換えるなら、「ここにしかいない」と言える場所にいることが、ユーザーにはできない。それが仮想空間の本質的な特徴なのである。
しかし、このことは、人間にとって深刻な脅威を突き付けるものである、とヴィリリオは指摘する。

遠隔《テ》＝電《レ》波的現前《プレザンス》を引き起こすテクノロジーの速度は、ヴァーチャルな身体にたいする節度のない愛のために、つまり「奇妙な小窓」の中に、「ヴァーチャル・リアリティーの空間」の中に現われるその幽霊にたいする節度のない愛のために、私たちの固有の身体を決定的に失わせるように仕向けています。そこに、他者の喪失という見過ごせない脅威が、非物質的で幽霊的な現前のために、物質的現前が凋落するという見過ごせない脅威があるのです。[*4]

彼はここで、仮想空間における「ヴァーチャルな身体」に対して、物理空間における身体を「固有の身体」と呼んでいる。ここで言う「固有」とは、それ以外ではありえない、ということを意味する。仮想空間による物理空間の侵食は、その帰結として、人間から、それ以外ではありえない身体を奪う。ただし彼は、それ自体を問題視しているのではない。彼が「脅威」だと見なしているのは、それによって「他者の喪失」が引き起こされるということなのだ。
なぜ、固有の身体の喪失が他者の喪失をもたらすのだろうか。私たちはメタバースにおいても他のユーザーと交流することができる。しかし、ヴィリリオはそれを他者の体験として認めない。それはなぜなのだろうか。彼はその理由を次のように説明している。

事態は、そこにいる人々からなるコミュニティーを、そこにいない人々――インターネットやマルチメディアに加入している、そこにはいない人々――のために解体する傾向にあります。これは過去に例のない出来事です。これは、一般的な偶発事のもつ様相のひとつです。あなたのそばにいる人よりも遠くにいる人にいっそう近いという事実は、人類の政治的な解体の一現象です。固有の身体の喪失は、遠くにいる人、つまりインターネットのヴァーチャル空間の中か、あるいはテレヴィジョンの小窓の中にいる人の一種の幽霊体のために、他者の身体の喪失ももたらしていることがわかります。[*5]

すなわち、固有の身体の喪失は、ここにいる人々から形成される「コミュニティー」を解体し、それは「政治的な解体」を意味するのである。物理空間よりも仮想空間が重視されるとき、私たちは、ここには存在しない仮想空間のなかの人々と交流する。しかしそれは、物理空間のそれと同じ意味において、共同体を形成することができない。そして、そうした共同体において共生することが、ヴィリリオにとっての他者の体験なのである。したがって、共同体の解体は、同時に他者の喪失を意味するのだ。

潜勢的なものをめぐって

なぜ、仮想空間において共同体は形成されえないのだろうか。ヴィリリオはそれについて詳細に述べているわけではないが、おそらくその理由は、次のように説明することができるだろう。

仮想空間は潜勢的なものであり、したがって、別でもありえるものである。したがってそこで出会う他者も、その他者との間に形成される関係性も、別でもありえるものである。私たちは、その気になればいつでも目の前の人間から離れることができる。それに対して、物理空間において、人間関係はそれほど簡単に離脱できるものではない。「私」が関わる相手は、その人以外ではありえないのであり、気が進まないからと言って、簡単に「チェンジ」できるものではない。

そうした、気軽にチェンジできない相手との関係性こそが、共同体の基礎を形成するのである。そうした他者との関係は、ある意味では、「私」の人生を条件づけるものである。しかしその関係性を営むことこそが、ヴィリリオにとっては他者を体験することなのだ。そして、そのように、互いを気軽にチェンジできない関係性を支えているのは、「私」と他者がともに固有の身体を持ち、ここ以外にはどこにも存在しえない者である、ということなのである。

いつでも互いをチェンジできる人間関係において、持続的な共同体は形成されえない。たとえば、メタバースに存在するある共同体で、人間関係のトラブルが起きたとしよう。もしもその共同体に帰属するユーザーたちが、互いをいつでもチェンジできる存在だと見なしているなら、ユーザーたちはトラブルを地道に解決する努力をするのではなく、トラブルが起きていない別の共同体へと乗り換えるだろう。そのようにして見捨てられた共同体は過疎化し、やがて消滅する。仮想空間に出現する人々の集まりは、泡のように生成消滅する集団であって、よほどの例外的な事態が起きない限り、持続的な共同体が形成されることはほとんど期待できないのだ。

もっとも、こうしたヴィリリオの発想は、前章で主題化したメルロ゠ポンティの立場と、ある面では衝突する。メルロ゠ポンティによれば、人間が生きる世界は、単に自然に与えられた知覚によってのみ構成されるのではなく、そこに潜勢的（virtuel）空間が投射されることによって、構成される。したがって、物理空間においてであっても、私たちにとって世界は潜勢的なものである。もしもそうした潜勢性を認めないなら、シュナイダーが陥っていたように、抽象的運動をすることが不可能になる。果たしてそれは、持続的な共同体を形成する上で、本当に望ましい状況だと言えるのだろうか。

筆者は、ここではメルロ＝ポンティを支持したい。しかし同時に、物理空間において形成される持続的な共同体を、仮想空間で成立させることが困難だろう、というヴィリリオの洞察にも、一定の説得力が認められるべきだと考える。そうであるとしたら、ここで考察されるべき問題は、次のように整理されるべきだろう。

私たちは物理空間においても潜勢的に世界を生きている。しかし、そうであるにもかかわらず、そこで私たちは、他者を簡単にチェンジできる存在としてではなく、固有の存在として扱い、そしてその他者と持続的な共同体を形成することができる。なぜ、この二つのことが物理空間において同時に成立しているのだろうか。つまり、なぜ、世界を潜勢的に眺めながら、同時に他者との関係性を持続的なものとすることができるのだろうか。これが最初に解決されるべき問いである。

そしてその上で、このように物理空間において成立しうる持続的な共同体が、ヴィリリオが批判するように、仮想空間では成立しないと言えるのか否かが、検討されるべきだろう。そして、もしも成立しないのだとしたら、何が欠けているから成立しないのかが、明らかにされるべきだろう。

他者によってもたらされるリアリティ

私たちは、与えられた自然的空間に対して、自分自身が思い描く潜勢的空間を投射することで、世界を構成する。自然的空間は一様でしかないが、潜勢的空間は別様でもありえる。たとえば、同一の公園にいながら、その場所を舞台に見立ててダンスの練習をしている人と、その公園の歴史に思いを馳せている人とでは、その公園はまったく違った世界として体験される。

問題なのは、この二人の間にどのような持続的な関係が構築されるのか、ということだ。二人は、同じ場所にいるが、その場所を全く違った形で眺めている。そうであるにもかかわらず、二人がある共同体を形成することはありえるのだろうか。

アーレントは、この問題を考える上で重要な手がかりを提供してくれる。彼女は、私たちが世界に対する自らの見方を他者と共有できないからといって、その他者と共同体を形成できない、とは考えない。むしろ、まったく反対に、他者が自分とは異なる見方ができることこそが、共同体を形成する上では必要不可欠なのである。

なぜ、そのような理屈が成り立つのだろうか。彼女は、『人間の条件』のなかで、次のように述べている。

物がその正体を変えることなく、多数の人によってさまざまな側面において見られ、したがって、物の周りに集まった人びとが、自分たちは同一のものをまったく多様に見ているということを知っている場合にのみ、世界のリアリティは真実に、そして不安気なく、現われることができるのである。*6

彼女によれば、私たちがある事物のリアリティを感じられるのは、その事物が「多数の人」によって認識されうるときである。

たとえば、「私」の目の前に公園が存在するとしよう。それが現実であると確信できるためには、何が必要だろうか。アーレントによれば、そのためには、「私」以外の他者がその公園に居合わせ、その他者にとっても公園が存在している、ということが欠かせない。もしも、その他者が「ここは公園ではなく、海だよ」と言ったら、「私」はここが公園であるということを疑うだろう。自分は何かの幻覚を見ているのではないか、夢の中にいるのではないか、と、不安に襲われるだろう。たとえ、どれだけ「私」にとって公園の感覚が生々しさを持っていても、それが他者にとっても存在しうるものでなければ、「私」はその感覚を信じることができないのである。

ただし、重要なのは、他者は「私」とまったく同じように公園を見ているわけではない、ということである。なぜなら、他者とは「私」と異なる人間であり、「私」とは異なる場所に存在しているからだ。そうである以上、「私」と他者は、どれだけ接近していたとしても、それぞれ別の場所から世界を眺めている。したがって、二人に見えている世界は、厳密には異なる姿をしているはずなのである。

反対に、もしも他者が公園の存在に同意するのだとしても、「私」とまったく同様に、完全に同じ姿で公園を眺めていたら、かえって公園の存在のリアリティは失われる。たとえば、位置関係によって「私」からは視認できるが、他者からは絶対に視認できないはずのものが、「私」から視認できるのと同様に、他者も視認しているとき、「私」はこの他者の証言を信用できなくなる。そのときその他者は、「私」とは別の人間であるという、他者のもっとも基本的な条件を満たしていないからである。「私」は、その他者が嘘をついていると判断するかも知れないし、あるいはそもそもその他者自体が幻覚の産物だと思うかも知れない。

したがって、アーレントにとって、私たちが事物を多様に眺めうる、ということは、それぞれが眺めている事物が同一である、ということを、決して否定しない。むしろ他者が、「私」が生きている世界を、「私」とは違った仕方で眺めていることが、その世界のリアリティを支えているのだ。

潜勢的空間の投射もまた、そうした見方の多様性を保証するものであろう。公園を「舞台」だと見なしている「私」にとって、他者がその公園を「歴史」だと見なしていることが、その公園のリアリティを疑わせることにはならない。むしろその他者の存在は、自分がいる公園のリアリティを、より確かなものにするのである。

Zoom のリアリティ

リアリティをめぐるこうしたアーレントの議論は、Zoom をはじめとするオンラインビデオ通話システムのことを念頭に置くと、様々な示唆に富んだものである。

前述の通り、新型コロナウイルス感染症の世界的なパンデミックによって、私たちの生活の様々な領域で、コミュニケーションのリモート化が進行した。その最中で急速に普及したシステムが、Zoom Video Communications 社が提供するサービスである Zoom だった。

Zoom では同時に多数の人々が会議に参加することができる。ユーザーは他のユーザーを画面に表示する方法を、いくつかの選択肢から任意に選ぶことができる。もっとも一般的なのは、ディスプレイ上に複数の小ウィンドウが表示され、その小ウィンドウに会議に参加しているユーザーの顔が表示される、という形式だろう。そして、あるユーザーがマイクを通して何かを話すと、その音声が他のユーザーの使用しているデバイスのスピーカーによって、再生されるのである。

このシステムがその洗練された機能において優れていることは言うまでもない。しかし、そこで交わされるコミュニケーションは、アーレント的な視点で言えば、リアルであるとは言い難い。

たとえば、ディスプレイ上に表示されているそれぞれのユーザーの顔は、すべてのユーザーに対して、同じように表示されることになる。これは、現実の会議ではまず起こりえない現象である。四角いテーブルのそれぞれの辺に四人が座っていれば、四人にとって自分以外の人物の顔は、それぞれ違って見える。しかし、Zoomにはそうした遠近法的相違が欠落しているのである。

こうした遠近法的相違は、「私」と他者がどのような位置関係にいるのかを、判断不能にする。それによって、他者は本当にいるのかいないのか、他者が「私」と同じものを見ているのか否か、ということ自体を、分からなくさせてしまうのだ。

「私」が真剣にZoomで会議をしていても、他のユーザーはそのディスプレイで別の画面を開き、会議と関係がない内職をしているかも知れない。他のユーザーが、実際には何を見ているのか、ということは、「私」には知りえない。もしも、他のユーザーが内職しているなら、そこでは、「私」と他者が同一の対象を違った視点から眺めているという、リアリティが成立するための条件が欠落している。だからこそ、そのコミュニケーションはどこかリアリティを欠いたものになるのである。

こうしたことは、物理空間における会議では、まず起こりえない。もしも自分以外の参加者が、会議と関係がない内職をしていたら、よほど巧妙に偽装しない限りはすぐに露見するからだ。少なくとも、内職していることをその場で挙証しうるからだ。Zoom にはその可能性そのものが存在しないのである。

「テーブル」としての共通世界

リアリティをめぐるアーレントの議論は、本書が第二章で展開した議論を、補完的に修正するものだろう。

第二章において、本書はメタバースにおけるリアリティを、ラカンの思想を参照しながら、言語によって構造化された世界のあり方として説明した。そこではすでに、言語がなんらかの社会的な次元に基づくものであり、したがってリアリティも共同体の規範に準拠するものであることが示唆されていた。しかし、そこでは依然として、他者との関係そのものがリアリティにどのような影響をもたらすのかは、検討されていなかった。リアリティは、あくまでも「私」が個人で判断するものであり、たとえその判断が言語を必要とし、その言語が他者との関わりのなかで形成されるものなのだとしても、その判断が下されるために他者の存在は必要ではなかった。

それに対してアーレントは、まさにそうした判断を下すためには、他者の存在が不可欠であると考える。この意味において、彼女にとってリアリティとは、決して個人によって孤独に判断されるものではない。それが物理空間であるか、仮想空間であるかにかかわらず、「私」がこの世界を現実だと理解するためには、その世界を「私」とは違った仕方で眺める他者が必要なのである。

彼女は、このような形で、「私」と他者によって異なる視点から眺められた世界を、「共通世界」と呼ぶ。「私」と他者は、同一の共通世界を共有しているのであり、その限りにおいて、その共通世界の成員である。彼女はここに、共同体のもっとも原初的な形態を見て取る。

言い換えるなら、共同体とは、他の眺め方が許されないような、排他的な本質によって結束された集団ではない。むしろ、そのように一体化してしまった集団は、共通世界によって支えられたリアリティを失ってしまう。

しかし、そのように多様な眺め方を許容するにもかかわらず、なぜ、共同体は一つのまとまりを形成することができるのだろうか。あるいは、そのように多様な眺め方をする人々によって構成された共同体を、私たちはどのようにイメージすればよいのだろうか。アーレントはそれを、テーブルの比喩を使って次のように説明している。

世界の中に共生するというのは、本質的には、ちょうど、テーブルがその周りに坐っている人びとの真中《ビトウイーン》に位置しているように、事物の世界がそれを共有している人びとの真中《ビトウイーン》にあるということを意味する。つまり、世界は、すべての介在者《イン・ビトウイーン》と同じように、人びとを結びつけると同時に人びとを分離させている。*7

人々は対話するときにテーブルにつく。その意味において、テーブルは人々を「結びつけ」、関係させている。しかし、その一方でテーブルは、人々の間に距離を設け、「分離」させ、一体化することを妨げてもいる。テーブルがあるからこそ、私たちは適切な距離を保ちながら、他者と関わることができるのだ。この意味において、テーブルは結合と分離という、二つの異なる機能を同時に発揮していることになる。そしてその両義性が、私たちに他者と対話することを可能にしているのだ。

共通世界もまた、同様の機能を有している。私たちは、同一の世界に関わるという意味では結合しているが、それを多様に解釈するという意味では分離している。共通世界は、その二つの機能を同時に発揮することで、「私」と他者を関係させるのである。

人工物としての世界

ここで比喩としてテーブルが利用されていることは重要である。テーブルは、人間によって製作された一つの人工物だ。それは家具としての耐久性を備えており、すぐに崩れ落ちたり、次の瞬間に消えていたりすることがない。だからこそ、その一つのテーブルに対して、多くの人が関わることができる。

アーレントはこうした耐久性のうちに人間の技術の本質的な特徴を見いだす。技術が介在しないもの、単なる自然現象に、こうした耐久性を見いだすことはできない。たとえば雲の形は刻々と変わっていく。水面の光も目まぐるしく変化する。雨が落ちて水たまりができても、数時間後には跡形もなく消えている。人間が手を加えていない自然の姿は、絶え間なく生成消滅するのであり、それに対して多くの人が持続的に関係できるような耐久性を持っていない。

それに対して、人間によって技術的に製作されたものは、そうした時間の経過や天候の変化に抗い、同じ形を維持し続けることができる。たとえばテーブルはその例だが、もっと大規模な人工物、たとえば道路、建物、都市もそうであろう。また、芸術作品や記念碑は、そうした自然の生成消滅に対して、作品の不死性を要求する事物であるようにも思える。だからこそ、そうした事物に対して多くの人々が関わることができ、それによって共通世界の礎が形成されるのだ。

そうであるとすると、アーレントにとって、共通世界とは決して単なる観念的な領域ではない。むしろそれは、人間によって作り出された、様々な人工物によって支えられた空間であると言える。彼女は次のように述べている。

人間世界のリアリティと信頼性は、なによりもまず、私たちが、物によって囲まれているという事実に依存している。なぜなら、この物というのは、それを生産する活動力よりも永続的であり、潜在的にはその物の作者の生命よりもはるかに永続的だからである。人間生活は、それが世界建設である限り、たえざる物化の過程に従っている。そして、人間の工作物を形成する生産物の世界性の程度は、世界におけるその物の永続性の程度に依存しているのである。*8

アーレントによれば、人工物は「潜在的にはその物の作者の生命よりもはるかに永続的」である。たとえば、何百年も存続する建築物は、それを建設した人々の寿命よりも、長い期間にわたって存続する。当然のことながら、そうした事物はより多くの人々と関係し、それによって世界のリアリティを増していく。そうした、人工物の耐久性が、その人工物によって構成される世界そのもののリアリティを支えているのだ。「人間の工作物を形成する生産物の世界性の程度は、世界におけるその物の永続性の程度に依存している」とは、そうした意味である。

たとえば「私」が、自分の住む街で、何百年も前に作られた建築物が今でも使用され続けていることに気づいたとしよう。そのとき「私」は、その建築物に対してだけではなく、その建築物によって構成される街という空間に対して、つまりその世界に対しても、リアリティを感じる。それは、「私」がいま属している街に、途方もなく多くの人々が同じように関わってきた、ということを実感するからである。しかし、もしそこに、何百年も前に作られた建築物がなかったら、「私」は同じ街に住んでいても、そうしたリアリティを感じなかったかも知れない。そうであるとしたら、その世界のリアリティを条件づけているのは、その世界を構成する人工物のリアリティである、ということになるのだ。

世界の固有性

私たちは本章において二つの問いを立てた。一つは、なぜ、潜勢的なものを多様に投射される物理空間において、共同体が形成されるのか、ということだ。言い換えるなら、共同体の形成と潜勢的空間の多様性はどのように両立するのか、ということだ。そして、もう一つは、仮に物理空間でそれが両立するなら、仮想空間でそれは両立するのだろうか、ということだ。

アーレントの議論に基づけば、この二つの問題には、次のように回答することができるだろう。すなわち、第一に、物理空間において共同体の形成と潜勢的空間の両立は可能であるが、そのためには一つの条件がある。それは、そうした潜勢的なものの多様性にもかかわらず、人々が同一の世界に関係していることを確信できるために、技術的に製作された人工物の領域が必要である、ということだ。そうした、技術的に製作された世界を介在させることなしに、共同体は形成されえない。

このように考えるなら、ヴィリリオが共同体の基礎に求めていた身体の固有性は、むしろ、世界の固有性であると考えた方が適切だったのかも知れない。つまりそれは、簡単にはチェンジすることができない、という世界のあり方である。なぜなら、世界を構成している人工物は、潜在的には人間の生涯を超えるほどの耐久性を有しているからである。

それに対して、第二の問いは、そうした共同体は仮想空間においても成立するのだろうか、ということだった。そしてそれは、仮想空間においても世界と呼べる空間が、つまり人工物によって構成された耐久性をもつ空間が成立しうるか、ということを検討することで、解決される問いであるに違いない。

本章では、議論の過程のなかで、Zoom にはアーレント的な意味でのリアリティがない、と指摘した。したがってそこに共通世界は形成されない。では、メタバースにおいてはどうだろうか。Zoomとは異なり、VR映像によって空間的な没入感を喚起させられるメタバースなら、少なくとも、複数のユーザーが物事を多様な視点から眺めることは実現できそうだ。しかし、果たしてそこに、有効に機能する共同体は成立するのだろうか。それとも、軽薄にチェンジされ続け、瞬く間に過疎化していく儚い空間しか、そこには現れないのだろうか。

第7章　メタバースと歴史

共同体の実体とは何だろうか。私たちは多くの場合、それはその共同体を構成する人間同士のコミュニケーションや信頼関係だと考える。つまり、純粋に精神的なつながりであると考える。たしかに、そうした目には見えないつながりは重要だろう。しかし、それと同じくらいに重要なのは、私たちがその他者と何を共有しているのか、ということだろう。そして、そうした共有の実感をもたらしてくれるものは、物理的に存在する事物だろう。

たとえば「私」がある共同体に属するとき、「私」はその共同体の歴史を共有する、と考えられる。たとえ、一度も話したことがない他者であっても、その歴史を共有しているのであれば、その人は「私」と同じ共同体の成員であり、仲間であると見なされる。それでは、私たちは何をもって自分たちが歴史を共有していると実感するのだろうか。

おそらくそのために欠かすことができないのは、建築物や記念碑などに代表される、具体的な人工物である。そうした事物に触れることによって、歴史は単なる抽象的な観念ではなく、自分がそこに参加し、同じ共同体の成員と共有する具体的なものとして、感じられるようになる。

共同体が強固で持続的なものになるためには、その成員同士の精神的なつながりだけではなく、そうしたつながりを支える具体的な事物が必要である。アーレントはそれを、人工物によって織りなされる世界と呼んだのだった。共有される世界は耐久性を持ち、長い期間にわたって存続しうるものでなければならない。そうであるとしたら、世界とは同時に歴史的なものでもある。世界は、「私」に対して歴史を具体的なものとして体験させる機能を持つのだ。

それでは、メタバースにおいても同じことが言えるだろうか。つまり、メタバースに存在する事物が、私たちに具体的な歴史を体験させ、共同体の基礎を提供することができるだろうか。そもそもメタバースに歴史は存在するのだろうか。

それを、本章の主題にしていこう。

歴史と物質性

アーレントの言う世界は、常に、具体的な事物と密接に連関している。彼女が、人間の世界は自然界の生成消滅に抵抗し、一定の形を維持し続けるだけの耐久性を持つ、と述べるとき、その念頭にあるのは、人間によって製作された事物——すなわち、人工物——が持つ耐久性に他ならない。

人間がしっかりと製作したテーブルは、重いものを載せても、風雨にさらしても、壊れない。手入れさえすれば世代を超えて使用することもできる。同じように、優れた建築物は世紀を超えて存続する。世界とは、何よりもまず、そうした人工物によって構成された空間なのだ。だからこそ世界もまた世代や世紀を超える耐久性を持ちうるのである。

こうした耐久性が、世界が歴史的であるための条件である。つまりアーレントにとって、さしあたり歴史は人工物の耐久性なしには考えられないものだ。こうした発想は奇異に聞こえるかも知れない。なぜなら一般的に考えて歴史とは、過去の人間の行為や出来事――誰が何を言い、何を行い、どんなことが起きたのか――の蓄積であって、人工物はその本質的な要素ではないと考えられているからである。しかしアーレントは、そうした歴史を伝えるのがあくまでも人工物であり、そうした人工物が耐久性を持ったものであるということが、歴史にとって本質的であると考える。彼女は次のように述べる。

世界性という点から見ると、活動と言論と思考は、これらのうちの一つが仕事あるいは労働と共有している以上に多くのものを相互に共有している。すなわち、活動と言論と思考は、それ自体ではなにも「生産」せず、生まず、生命そのものと同じように空虚である。それらが、世界の物となり、偉業、事実、出来事、思想あるいは観念の様式になるためには、まず見られ、聞かれ、記憶され、次いで変形され、いわば物化されて、詩の言葉、書かれたページや印刷された本、絵画や彫刻、あらゆる種類の記録、文書、記念碑など、要するに物にならなければならない。人間事象の事実的世界全体は、まず第一に、それを見、聞き、記憶する他人が存在し、第二に、触知できないものを触知できる物に変形することによって、はじめてリアリティを得、持続する存在となる。記憶されなかったとしたらどうだろう。また、記憶がその自己実現のために必要とする物化が行なわれず、実際ギリシア人が考えたように、記憶をすべての芸術の母とする物化が行なわれないとしたらどうだろう。そのとき活動と言論と思考の生きた活動力は、それぞれの過程が終わると同時にリアリティを失い、まるで存在しなかったかのように消滅するだろう。[*1]

アーレントによれば、歴史として伝えられる「活動と言論と思考」は、それだけでは後世に残ることができない。それは、書籍や芸術作品や建築物といった人工物へと「変形」されなければならない。そうした「物化」が行われない限り、活動も言論も思考も、この世界で決してリアリティを獲得することができない。なぜなら、前章で述べた通り、彼女にとってリアリティとはあくまでも多様な人々から眺められることによって、はじめて成立するものだからである。したがって、歴史が人工物によって支えられているということは、歴史にとって本質的なことである。彼女はそのように考える。

それでは、そうした人工物の耐久性は、いったい何によって支えられているのだろうか。アーレントによれば、それは素材である。「最もこわれやすい物も含めて、すべての物に固有の固さは、その工作の対象となった材料から生じる」[*2]。もちろん、素材を強靭な仕方で組み合わせる設計や、職人の腕も、人工物の耐久性にとって重要だろう。しかし、そもそも素材が脆弱であれば、それによって製作された人工物もまた、脆弱なものであらざるをえないだろう。この意味において、人工物を構成する素材の耐久性は、世界の持続可能性の基礎である、と考えることができる。たとえば、もしもテーブルが泡で作られていたら、瞬く間に消滅してしまい、共通世界としての機能を果たすことができないだろう。

デジタルデータの素材

そうであるとしたら、メタバースにおいて存在する事物の素材とは、いったい何なのだろうか。そこに存在する事物は、どんな些細なものでもすべて、人間が作ったものである。では、そうした事物を構成する素材は、物理空間におけるそれと同様に、歴史を形作るために十分なほどの耐久性を備えているのだろうか。

メタバースにおいて存在する事物は、基本的にデジタルデータである。たとえば「私」がメタバースにおいてテーブルを認識するとする。しかしそのテーブルはあくまでも情報に従って出力された映像に過ぎない。当然のことながら、それは木材で作られているわけではない。もしもメタバースにおいて存在する事物について、素材ということが語りうるのであるとしたら、それは私たちにその事物の認識を成立させている媒体、つまり映像を成り立たせているものから説明するしかないだろう。

話を単純にするために液晶ディスプレイを前提にしよう。液晶ディスプレイは、有機化合物を注入されたガラス板に電圧をかけ、バックライトによって裏面から光を通過させることで、映像を作り出す装置である。それによって「私」が映像を視聴し、そこにデジタルな事物を認識するとき、この事物の素材として機能しているのは、液晶ディスプレイの画面であり、そこに内蔵された液晶分子である、ということになるだろう。その液晶分子が様々な形で画面に表示されることで、メタバースに存在する事物は構成されているからである。

しかし、この液晶分子は、特定のデジタルデータだけの素材になるわけではない。「私」が操作すれば、さっきまでデジタルデータが表示されていた場所に、動物の写真を映し出すこともできる。そしてその写真の素材は、直前までデジタルデータを構成していた、液晶分子である。このとき、この液晶分子は、一瞬の間にデジタルデータであることをやめ、写真へと変わってしまったことになる。

もちろん、このことはデジタルデータがこの世界から消滅したことを意味するわけではない。なぜなら、情報さえ出力されれば、そのデータを再び画像化することは可能だからだ。

このことが意味しているのは、デジタルデータの存在が、そのデータを構成する素材に依存するものではない、ということに他ならない。さっきまでAというデバイスでデジタルデータを視聴していたが、そのデバイスの充電が切れたため、別のデバイスBで同じデジタルデータを視聴したとしても、そのデータの同一性は揺らがない。そのデータが、デバイスAで視聴されるのか、それともデバイスBによって視聴されるのかは、そのデータの存在に影響を与えないのである。

あるいは、デジタルデータを破壊しようと思って、それを表示しているデバイスをバットで叩き壊しても、そのデータそのものを破壊できるとは限らない。それを達成するためには、ディスプレイを破壊するのではなく、出力情報そのものを消去するべきだ。そして、そうした情報を消去するのに、何らかの物質そのものを破壊する必要はない。

デジタルデータは、テーブルが木材を素材とする、ということと同じ意味で、何らかの素材から作られているわけではない。それがどんな素材で再生されるのか、ということは、デジタルデータの存在にとって何らの影響も与えない。

したがって、アーレント的な視点で考えるなら、いかなる素材によっても構成されていないデジタルデータは、世界の礎となる人工物の耐久性を持っていない、ということになるだろう。

一回的なものの歴史的証言力

人工物は耐久性を持ち、長期間にわたって存在することができる。だからこそ、私たちは人工物から歴史を具体的なものとして感じることができる。そして、そうした耐久性を成り立たせているのは、その人工物を構成している素材である。しっかりとした素材で作られているからこそ、人工物は歴史の証人になることができる。

たとえば私たちは、まったく同じ設計図に基づいて建てられたものであったとしても、つい最近建てられた木造建築と、一〇〇年前の木造建築とを、区別することができる。そしてその違いを感じさせているのは、建築物の素材として用いられた木材が、一〇〇年という時間を経過しているか否か、ということである。一〇〇年間使用され続けてきた木材は、つい最近切り出された木材とは違う。その違いが、私たちに一〇〇年間という、その建築物が辿ってきたであろう歴史を体感させるのである。

この意味において、人工物の素材が持つ物質性は、その人工物が経てきた歴史を証言する力を持っている。この点について興味深い指摘をしているのが、二〇世紀ドイツの思想家であるヴァルター・ベンヤミンだ。

ベンヤミンは主著『複製技術時代の芸術作品』において、芸術作品が置かれている状況の歴史的変遷と、それが社会における作品のあり方に与えた影響を概観している。彼によれば、まだ複製技術が本格的に発達していなかった近代以前、芸術作品は〈いま—ここ〉にしかない唯一の存在であり、それは大衆から鑑賞される対象ではなく、宗教的な儀式のために利用されていた。その後、近代以降の複製技術の発達によって、作品の複製を対象に制作することが可能になり、それによって芸術作品は大衆による鑑賞へと開かれていった。そうした動向のなかで、芸術作品がもともと有していた、〈いま—ここ〉にしかないという一回的な性質は、失われていった。

この、世界にたった一つしかないものとの、〈いま—ここ〉における一回限りの出会いによって喚起される雰囲気を、ベンヤミンは「アウラ」と呼ぶ。アウラは、オリジナルな作品だけが纏《まと》いうるものであり、複製された作品からは消えてしまう。なぜなら、複製品はどこにもでも存在しうるから、〈いま—ここ〉以外の状況においても経験しうるからである。

ベンヤミンは、このように芸術作品がアウラを纏いうるための条件の一つとして、「物理学的ないし化学的分析によってのみ明らかになる」ような「物質的構造の変化の痕跡」を挙げている。ある作品が、何をもってこの世界に一つしかないと言えるのか。それは、その作品を構成している物質が、他の物質から区別され、時間の経過の中で同一であり続けるからだ。そうした素材の物質性に支えられているからこそ、作品は、その作品がこれまで居合わせてきた歴史を証言することができる。彼は次のように指摘する。

> どんなに完璧な複製においても、欠けているものがひとつある。芸術作品のもつ〈いま―ここ〉的性質――それが存在する場所に、一回的に在るという性質である。しかし、ほかならぬこの一回的な存在に密着して、その芸術作品の歴史が作られてきたのである。その歴史に作品は、これまで存続してきたあいだ従属していたわけである。時がたつにつれて作品の物質的構造がこうむる変化にしろ、場合によっては生じる作品の所有関係の変遷にしろ、その歴史の一部である。[*3]

この意味において、アウラは単に一回性を体験させるだけでなく、同時にその作品が辿ってきた歴史を体験させる。ベンヤミンはそれをオリジナルな作品の持つ「歴史的証言力」[*4]と述べる。それに対して、複製された作品はオリジナルの歴史を継承しているわけではない。たとえその複製が、オリジナルとまったく同じ外観をしていたとしても、オリジナルの辿ってきた歴史はそこから抹消されてしまうのだ。彼によれば、「歴史的証言力は〔…〕物質的に存続していることに基づいているから、物質的な存続が人間に依存しなくなってしまっている複製においては、この事物の歴史的証言力もまた揺らぎ出す[*5]」のである。

ＮＦＴとアウラ

ベンヤミンがアウラの根拠として物質的な素材の同一性を強調していることは重要である。なぜなら、ＮＦＴ（Non-Fungible Token、非代替性トークン）の技術を用いれば、物質的な素材なしに、〈いま—ここ〉にしかない事物を製作することが可能だからだ。

ＮＦＴは、「ブロックチェーン」と呼ばれるデータベースに記録された、デジタルデータの名称である。その基本的な仕組みは次のようなものだ。ネットワーク内において、デジタルデータにはハッシュ値と呼ばれる情報が与えられており、データに取引が発生するとハッシュ値がその都度変動する。このハッシュ値の変動を、取引の記録とともに「ブロック」と呼ばれる記録の塊に格納する。その上で、ブロックを時系列に従って連結させていく。この仕組みが、「ブロックチェーン」と呼ばれる所以である。

ブロックチェーンに帰属する過去のデータを複製したり、改ざんしたりしようとすると、それによって過去のデータのハッシュ値が変動する。すると、現在にまで至るすべてのブロックチェーン内のデータのハッシュ値を変更しなければならなくなる。しかし、これは途方もない作業になる。この点で、ブロックチェーン内のデータを複製・改ざんすることは、通常のデータに対してするよりも、はるかに大きなコストを要することになる。

　またブロックチェーンは、一つの機関が管理するのではなく、ネットワークを共有する複数の端末によって監視されている。そうした端末は「ノード」と呼ばれる。デジタルデータに異変が起きていない限り、ノード間のブロックチェーンは一致した状態に、すなわち合意が形成された状態になる。しかし、データが複製・改ざんされると、ノード間の合意が形成されなくなり、異変の生じているデータが容易に特定されてしまう。このように、中央集権的な機関によって管理されるのではなく、分散した端末で管理されることから、ブロックチェーンは分散型台帳と呼ばれることもある。

　もしもハッカーがデータを不正に複製・改ざんしようとするなら、過去から現在にまで至る膨大な量のハッシュ値をすべて変更し、かつ、そのネットワークを構成するすべてのノードに対して同時に攻撃を仕掛ける必要がある。しかし、その作業コストは非現実的なほど膨大なものであり、事実上達成することは不可能である。

　したがってNFTは優れた情報セキュリティ技術として注目されている。所有者の情報が書き込まれたオンライン通貨やデジタルアートをNFT化すれば、そのデータに真正性を与え、不正に複製・改ざんされることで価値が下落することを阻止できる。そのため、オンラインデータによる資産運用に安全性をもたらすことができるのである。

　たとえば、NFT化されたデジタルデータは、〈いま―ここ〉にしか存在しないものとして扱われうるだろう。つまり、いま「私」がそのデータを視聴しているとき、そのデータは他の誰にも視聴されておらず、したがって複製もされていない、という事態を成立させることはできるだろう。

しかし、そうであったとしても、それは決してベンヤミンの言う意味でのアウラを喚起させることができないだろう。なぜならNFT化されたデジタルデータは、他のデジタルデータと同様に、物質的な素材に基づいていないからである。たとえば、メタバースにおいてNFT化された都市のデジタルデータは、〈いま—ここ〉にしか存在しえないものでありえる。しかし、それが私たちにとって物理空間における都市と同様の歴史的証言力を持つことはない。そうした都市は、何年経とうとも劣化せず、まるでついさっき誕生したかのような外観を、備え続けることになるだろう。

アウラの凋落

ベンヤミンは、複製技術時代へと突入した現代社会において、至るところでアウラが減退しつつあるという事態を、「アウラの凋落」と呼ぶ。それは言い換えるなら、私たちが事物に対して、〈いま—ここ〉にしかない一回性を、言い換えるなら歴史的証言力を必要としなくなった、という事態である。

しかし、それに対して次のような疑問が寄せられるとしても不思議ではない。たしかに、私たちの周りにあるものは複製品ばかりになり、オリジナルなものを目の当たりにする機会はなくなってきた。しかし、そうであっても社会は機能しているし、誰も困っていないように思える。それの何が問題なのだろうか。

こうした疑問に対して、ベンヤミンは次のような回答を示している。

対象をその被いから取り出すこと、アウラを崩壊させることは、ある種の知覚の特徴である。この知覚は、〈世の中に存在する同種なるものに対する感覚〉〔デンマークの作家イェンゼン（一八七三－一九五〇年）の言葉〕をきわめて発達させているので、複製という手段によって、一回的なものからも同種なるものを獲得する。視覚の領域においてこのような現われ方をしているものは、理論の領域において、統計の重要性の増大として顕在化しつつあるものにほかならない。現実を大衆に合わせ、大衆を現実に合わせてゆくことは、思考にとっても視覚にとっても、無限の影響力をもつ過程である。[*6]

ここでベンヤミンが強調しているのは、複製技術が浸透することによって、世界に対する私たちの物の見方も変わってしまう、ということだ。複製技術が登場して間もないころ、私たちは複製された事物に対して、オリジナルが特権的な優位性を持つことを前提にして、複製品を眺めていた。「本当だったらオリジナルを見るべきだけど、それは難しいから、複製品で我慢しよう」という風に。しかし、複製品を見ることに親しんでいくと、私たちはあらゆるものが複製であるかのように、この世界には複製品しか存在しないかのように、世界を眺めるようになる。つまり、オリジナルをオリジナルとして眺める態度が、そこからアウラを感じ取る感性が、失われてしまうのだ。それをベンヤミンは、「一回的なものからさえ同種なるものを獲得する」と表現している。そのとき私たちは、オリジナルを複製品であるかのように眺める、という逆説的な事態に直面することになる。

たとえば、Horizon Worldsでは、現実に実在する世界の観光名所が、そのままデジタルデータとして再現されている。ユーザーはそこを訪れて、あたかも実際に観光をしているかのような体験をすることができる。当然のことながら、その場所からアウラが喚起されることはない。ユーザーは、少なくとも現状においては、現実の観光名所をオリジナルとして捉え、メタバースに存在するデジタルデータはその複製であるということを、理解しているだろう。

しかし、こうした技術がより発展していき、物理空間に存在する場所と見紛うほどにリアルな映像が制作され、ユーザーがそうしたサービスにより親しんでいけば、いつか、そうした状況は崩れるかも知れない。たとえば、物理空間における観光地を実際に旅行するための事前準備として、メタバース内の観光地を散策し、ルートや見るべき場所を確認しておく、という形で利用されることがあるかも知れない。そして、そうした入念な準備の上で物理空間の観光地を訪れたとき、ユーザーは「わあ、本当にメタバースと同じだ」と言って、感動を覚えるかも知れない。こうしたことは十分に起こりうる事態である。しかし、ここではあたかも、メタバースにおける観光地がオリジナルで、物理空間におけるそれは複製であるかのように見なされている。あるいは、そもそも、どちらかがオリジナルで、どちらかが複製である、ということ自体に、重要な価値が置かれなくなっている。

しかし、その違いに重要な価値が置かれなくなっていること自体が、ベンヤミンの言う、「アウラの凋落」に他ならない。そしてそれは同時に、〈いま—ここ〉にしかないものが持つ歴史的証言力が、軽視されていくということを意味するのである。

アウラなき世界とポストトゥルース

以上の議論をまとめれば、私たちは次のような結論に辿り着くことになる。

私たちが他者と共同体を形成するのは、その他者と同一の人工物に関わるとき、つまり世界を共有するときである。ただしこのことは、共同体の成員がその世界を同じように眺める、ということを意味しない。「私」が眺めているものを、他者が違った仕方で眺めている、と感じられることが、私たちにとって世界のリアリティを開示する。そしてそれが可能であるためには、世界は耐久性を持たなければならない。そしてその耐久性は、世界を長い時間にわたって存在しうるものにする。それが、世界の歴史性の根拠なのだ。

そうした耐久性の基礎を担うものこそ、物質的な素材に他ならない。ベンヤミンは、そうした素材によって人工物から歴史を感じることを、アウラと呼んだ。複製がアウラを持たないのは、それがオリジナルとは異なる物質を素材としているからだ。しかし、現代の複製技術の進歩によって、アウラは凋落の一途を辿っており、やがて人々は、オリジナルなものを見てもそこに歴史を感じることがなくなるだろう、と彼は予言する。

メタバースにおいて存在するものは、すべて、物質的な素材に基づいていない。したがってそこに存在するものがアウラを喚起することは、基本的にはないだろう。そして、そうしたものとしてもメタバースが物理空間を侵食していけば、それはアウラの凋落をさらに加速させることになりかねない。

アウラが凋落するということは、アーレント的な意味での世界のリアリティを感じられなくなる、ということである。それは、言い換えるなら、「私」が見ているものと同じものを、他者も見ているだろう、という確信を得られなくなる、ということだ。「私」と他者が、それぞれが異なる立場から、同じものに関わり、何かを共有しているという感覚が、得られなくなるということだ。そのとき私たちは、おそらく、自分が共同体に帰属していると感じることはできなくなるだろう。あるいは、もしもそうした感覚が成立するとしても、それは共通世界を介したものではなくなっているだろう。

アーレントは、ある共同体のなかで、その成員が同じ世界を共有しているという感覚を、「共通感覚」と呼ぶ。「共通感覚《コモン・センス》〈常識〉は政治的属性のヒエラルキーの中で非常に高い順位を占めている」[*7]。なぜなら、この感覚こそが、異なる意見を持っているにもかかわらず、「私」と他者を同じ共同体の成員として関わらせることを可能にするからである。それに対して、「ある共同体で共通感覚〈常識〉が著しく減少し、迷信や軽信の風潮が著しく増大するというのは、ほとんどまちがいなく、世界からの疎外が進んでいる証拠である」[*8]と彼女は指摘する。メタバースの物理空間の侵食は、あるいはそうした事態の進行と重なり合うのかも知れない。

あえて思い切った予測をすることが許されるのであれば、そうした事態は、ポストトゥルース的な状況を深刻化させることになるだろう。ポストトゥルースとは、人々がある問題について多様な見解を持ったとき、各人はそれぞれ違った真実を目の当たりにしている、と語る言説である。このような状況は、真実が多様な見方を許すという発想が失われているために、生じているように思える。

繰り返し述べているように、共通世界は多様な観点から眺められるのであり、人々がそれについて異なる見方をするということは、各人が同じ世界に関わっているということを否定するものではなく、むしろそれを正当化する。しかし、ポストトゥルース的状況では、「私」と同じ見方をしていないなら、他者は「私」と同じ世界を共有していない、と考えられる。だから、世界を自分とは別の仕方で眺める他者は、自分が生きている世界から排除される。世界は、ただ同質的な意見を支持する人々によって構成されることになり、そこに共同体が成立するとしても、それは全員が同じように世界を眺める集団と化すだろう。そうした共同体は、アーレントの思想に従うなら、一つの全体主義的な体制である、と考えることもできる――この問題は、次章で改めて検討することになるだろう。

ハイパー・リアリティと全体主義

ベンヤミンがアウラの凋落のうちに、オリジナルが複製であるかのように眺められる、という事態を洞察したことは、興味深い。そのとき、オリジナルと複製の区別は意味をなさなくなる。そしてそれは、本書が第二章において取り上げた、ボードリヤールのハイパー・リアリティの概念とも共鳴する。

改めて振り返っておけば、彼はそこで、仮想空間と物理空間の区別そのものが成立しなくなる事態を指摘していた。仮想空間は物理空間の「模倣」ではない。ディズニーランドは一つの仮想空間だが、その外側もまたディズニーランド化している。同様のことが、アウラの凋落についても言えるだろう。メタバースによって徹底的に侵食された物理空間は、それ自体がメタバース的なもののように見えるだろう。物理空間に存在する観光地は、まるでメタバースに存在する映像であるかのように眺められるだろう。

私たちはこれまで、物理空間と仮想空間を区別する何かが存在するとしたら、それはいったい何なのか、ということを問い直してきた。メルロ＝ポンティの自然的空間や、アーレントの共通世界、ベンヤミンのアウラという概念のうちに、その何かを理解するための手がかりが示されているようにも思える。仮想空間による物理空間の侵食は、その何かを私たちから奪うだろう。そしてそれによって、私たちは、自分と同じように世界を眺める人々とともに、同質的に一体化することしかできなくなるだろう。トラブルが起きれば、すぐにその世界を捨て、自分が同調することのできる新しい世界を探すことになるだろう。世界は、常に過疎化の脅威にさらされ、数えきれないほどの「廃墟」が、塔のように積みあがっていくだろう。

しかし、私たちにはあえて次のように問い直すこともできるだろう。すなわち、そうであって何がいけないのか、ということだ。たとえアウラが凋落し、人々から歴史感覚が失われ、ポストトゥルース的な状況が出現したとしても、それの一体何が問題なのだろうか。むしろ、テクノロジーによってそうした状況を管理し、最適化された社会生活が可能であるとしたら、それこそが望ましい世界のあり方なのではないか。そして、そうした世界を実現させるためにこそ、物理空間と仮想空間の融合が有用なのではないか。

次章では、こうした言説を批判的に検討することで、物理空間と仮想空間の関係をさらに掘り下げて精査していきたい。

第8章　メタバースと統治

メタバースを推進する識者のうちに、少なくない人々は、メタバースを物理空間の社会課題を解決するために利用するべきだ、と訴える。特に、持続的な少子高齢化を社会課題とする日本において、物理的な距離の制約を取り払うことができるメタバースは、様々なポテンシャルを持っている、とされている。

社会課題が解決されることは、それ自体としては、望ましいことだろう。しかしそれは、同時に、物理空間がメタバースによって支えられるようになるということ、人々が生活を営む領域が、物理空間とメタバースの協働によって成立するようになる、ということだ。そのとき物理空間とメタバースは互いに編み込まれていき、一体となって一つの現実を構成するようになるだろう。メタバースは、物理空間に対するオルタナティブとしての「もう一つの現実」ではなく、物理空間の現実のなかに組み込まれることになるだろう。そしてそれによって、物理空間自体もまた、その物理的性質を相対的に漂白されていくだろう。

こうした事態を、物理空間とメタバースの融合として捉えることができるとしたら、そのとき、私たちの生きる現実は、どのような様相を呈するのだろうか。本章では、この問題を考えるために、物理空間とメタバースの融合がもっとも大規模かつ徹底的に行われうる場面として、国家の統治のためにメタバースが利用される事態に注目してみたい。

リベルランドの事例

現在、国家の統治にもっとも大規模かつ徹底的にメタバースを活用している国として挙げられるのは、リベルランド自由共和国（Free Republic of Liberland）だろう。リベルランドは、セルビアとクロアチアの国境地帯に位置するミクロネーション（未承認独立国家）である。二〇一五年に建国が宣言されたが、国際連合加盟国からは承認を得られていない。ビト・イエドリチカを初代大統領とし、何人かの閣僚によって暫定政府が構成されている。

同国は、「ザハ・ハディド・アーキテクツ」の代表を務める建築家パトリック・シューマッハの設計のもとで、オンライン上に「リベルランド・メタバース」を構築し、公開している。これは、現実のリベルランドと同じサイズの仮想都市であり、人々は暗号資産によって土地の区画を購入し、その土地で新しいビジネスを始めることができる。また、メタバース上に構築されたコンテンツを、物理空間の土地で実際に再現することも可能である。

リベルランド・メタバースの設計には、シューマッハの建築思想である「パラメトリシズム」が色濃く反映されている。非常に簡潔に説明するなら、それは、建築に際して様々な要素をパラメーター化し、コンピューター上でシミュレーションすることによって、求められる機能を満たすために最適な形態で、建築物をデザインするというスタイルである。シューマッハはこの思想をタイポロジー（類型論）からトポロジー（形態論）への移行として説明している。

タイポロジーとは、「梁」や「アーチ」といった、特定の限定された機能を持つ構造システムの組み合わせによって、空間を構想する発想である。しかし、こうした考え方に従う限り、建築物のデザインの可能性は、それがどのような構造システムに基づいて構成されるかによって限定され、その建築物に期待される最適な形態を実現できなくなるかも知れない。

それに対してトポロジーとは、建築物のデザインを限定された構造システムに分解することなく、有限要素解析などのモデリング技術によって、シームレスに細分化して連続体として空間を設計する発想である。それによって建築物は最適化された形態を獲得し、その空間設計は潜在的には無限の可能性に開かれることになる。[*1] 実際にこうした思想は、ザハ・ハディド・アーキテクツによって設計された主要な作品のうちに体現されていると言えるだろう。

こうした思想にとって、シミュレーションによって構成された仮想空間であるメタバースは、そもそも極めて親和性の高いテクノロジーである。特に、メタバースにとってデザインされた空間が、物理空間に反映されていくというプロセスは、パラメトリシズムのラディカルな実践になりうる。シューマッハは次のように述べている。

したがって私たちは、メタバースの発展がパラメトリシズムを加速させるだろうと予測している。これはまた、物理的な建築に対するフィードバックにもなるだろう。なぜなら、ほとんどの組織とクライアントは物理空間の用地と仮想空間の用地を両方所有しているからである。[*2]

私たちが物理的な身体を持つ限り、私たちは物理的な環境を必要とするだろう。〔…〕仮想空間の環境は物理空間の環境と同じくらいリアルであり、社会的なリアリティはこの区分を横断してシームレスに存在し、維持される。[*3]

シューマッハは、メタバースにおける空間設計のために、建築の領域でこれまで以上にゲーム・クリエイターの重要性が高まるだろう、と予見する。ただし、その一方で彼は、ゲーミングプラットフォームとしてのメタバースを、「思想的に退行した空想の世界」と呼んで批判する。むしろメタバースの真のポテンシャルは、単なるエンターテイメントの媒体ではなく、人間の社会生活を支える現実的なインフラストラクチャーとなりうる点にこそ存するからだ。彼は次のようにも述べている。

リベルランド・メタバースは、社会的なリアリティの一部になり、社会的な生産および再生産の不可欠な部分の一つになる。こうしたメタバースの構想は、もう一つの現実や、あるいは第二の人生を提供するものではないし、あるいはまた、社会的なリアリティあるいは社会生活からの逃避を提供するものではない。むしろ、社会における生活を強化するものなのだ。[*4]

本書はこれまで、メタバースが「もう一つの現実」であり、そこで生きるユーザーが「もう一人の私」を獲得する、と考えてきた。しかしこうした発想は、シューマッハにとっては、単なる「逃避」であり、思想的な退行である。むしろ、メタバースこそが私たちの生きる統合的な現実であり、それは物理空間における現実や「私」から目を背けさせるものではなく、むしろそれを規定するものなのだ。

リベルランド・メタバースは、メタバースと物理空間の融合を試みる事例の一つとして理解することができる。しかしそれは、現在の私たちがメタバースに夢見ているものとは、違った姿を現しているようにも思える。私たちは、物理空間における制約から逃れるために、メタバースを欲望している。それに対して物理空間と融合したメタバースは、そうした発想をむしろ拒絶し、私たちを制約された生へと投げ返すのである。

Web 3.0としてのメタバース

リベルランドにおけるメタバースによる独特な統治の背景には、同国の国是である、リバタリアニズムの思想がある。イエドリチカ大統領は、「新国家の目的は、誠実な人々が政府に抑圧されることなく繁栄できる自由な国を建設することである」とし、次のように述べている。

最大の改善点は、リベルランドでは税金が任意であり、人々が税金を払うと報われるということだ。私たちは二〇一五年四月一三日、トーマス・ジェファーソンの誕生日を祝うためにリベルランドを設立しました。アメリカ独立革命の精神を呼び起こしたかったのです。また、アメリカの共和制、スイスの民主主義、シンガポールの実力主義の最良の要素を融合させたいと考えています。私たちのシステムをブロックチェーン上に置き、政府が近代的で透明な方法で機能するようにしたいのです。[*5]

この構想でも言及されている通り、リベルランドの市民には納税の義務がない。市民は自分の意志で税金を支払う。同国は独自の仮想通貨である「メリット」を創設する予定であり、納税額に応じて市民はメリットを付与される。そして、選挙においてはメリットの保有数に比例した投票数が認められる。政治的意思決定に関わる資格を持つ市民として認定されるためには、リベルランドの発展に対して何らかの寄与をするか、少なくとも五〇〇〇メリットを納付する必要がある。また、ブロックチェーンに基づく「電子政府(E-Governance)」によって、透明性の高い統治が行われるという。

こうした思想は、そもそもメタバースのテクノロジーと親和性が高い。ゲームサーバープラットフォーム「BEAMABLE」のCEOであるジョン・ラドフは、メタバースが達成するべき主要な価値の一つに、「非中央集権化(Decentralization)」[*6]を挙げている。

ラドフがそう強調するのは、メタバースもまたブロックチェーンと密接に連関しているからだ。ブロックチェーンは、特定の管理者を必要とせず、世界中のユーザーの個々の活動によってネットワークが維持・管理される。そこでは、フラットで民主化された組織が形成され、意思決定は自動的に実行され、すべての活動履歴が公開されている。そうした技術に支えられることで、はじめて、メタバースは新たな経済圏として確立されうるのである。

このように、ユーザーによる民主的な統治を理想とするメタバースは、しばしば、「Web 3.0」を体現するテクノロジーになると期待されている。Web 3.0とは、インターネットにおけるユーザーの(広い意味での)政治的地位をめぐる、一つの歴史的段階である。

あくまでもユーザーがそこから情報を摂取するためだけの媒体に過ぎなかった「Web1.0」、ブログやSNSによってユーザー自身の情報発信を可能にしつつ、大企業への情報・富・権力の集中をもたらした「Web 2.0」とは異なり、Web 3.0においては、大企業による中央集権的な支配を克服し、非中央集権的で透明性の高い情報管理によって、より民主的な組織ガバナンスが可能になるのである。

リベルランドの統治は、Web 3.0のテクノロジーを統治に実装することで、リバタリアニズムの理想の実現を試みるものとして、理解することができる。リベルランド・メタバースのイエドリチカ大統領は、実際に将来的には大統領制を廃止し、メリットを保有する市民による権力分散型の自治行政府への移行によって、政治の「経営」化を目指しているという。[*7]

「超スマート社会」とメタバース

リベルランドほど極端ではないが、メタバースを統治へと活用する発想は、日本においいても見出される。

二〇一六年、政府は『第5期科学技術基本計画』を発表した。これは、日本における科学技術政策の基本的な指針を定める文書である。この計画において特徴的なのは、日本社会の目指すべき未来の姿が、人類の技術の発展の歴史のなかで位置づけられ、展望されているということだ。

それによれば、これまで人類の社会の形態は、狩猟社会、農耕社会、工業社会、情報社会という段階を経て発展してきた。そして、その後に到来する五つ目の「Society 5.0」こそが、私たちが目指すべき未来の日本社会であると語られる。では、Society 5.0とは何か。それは、「ICTを最大限に活用し、サイバー空間とフィジカル空間（現実世界）とを融合させた取組」によって、現在の人々が抱える社会課題を包括的かつ効率的に解決される社会、すなわち「超スマート社会」に他ならない。その内実は次のように説明されている。

必要なもの・サービスを、必要な人に、必要な時に、必要なだけ提供し、社会の様々なニーズにきめ細かに対応でき、あらゆる人が質の高いサービスを受けられ、年齢、性別、地域、言語といった様々な違いを乗り越え、活き活きと快適に暮らすことのできる社会[*8]

以下では、この文書における「サイバー空間」と「フィジカル空間」を、それぞれ「仮想空間」と「物理空間」として読み替える。超スマート社会とは、仮想空間と物理空間の融合によって、現在の社会課題が解決された社会である。その基本的な原理は、物理空間で得られた大量のデータを仮想空間で処理することで、限られた資源を効率的に配分する、というものである。そうした、テクノロジーによって最適化された再配分を社会の様々な領域に応用するために、情報通信技術をさらに発展させる必要性が訴えられる。

もっとも、『第5期科学技術基本計画』が発表された当時、まだメタバースは一般的な技術としては普及しておらず、この文書のなかにも「メタバース」という言葉は出てこない。しかし、仮想空間と物理空間の融合による社会課題の解決を目指すなら、メタバースがそれを実現するための重要なテクノロジーだと見なされたとしても、何も不思議ではない。実際、「はじめに」でも紹介した「デジタル田園都市国家構想」では、「地方創生推進タイプ」のなかに、「Society 5.0型」と呼ばれるカテゴリーが設けられ、そこではデジタル技術を活用した優れた取り組みとして、メタバースを活用した事業が複数紹介されている。

また内閣府は、二〇二〇年、総合科学技術・イノベーション会議で決定されたムーンショット目標の一つとして、「2050年までに、人が身体、脳、空間、時間の制約から解放された社会を実現」を掲げている。そこでは、「Society 5.0時代のサイバー・フィジカル空間で自由自在に活躍する」主体として、「サイバネティック・アバター」という概念を提示し、それに関する具体的な目標を次のように述べている。少し長いが、そのまま引用しよう。

○誰もが多様な社会活動に参画できるサイバネティック・アバター基盤
・2050年までに、複数の人が遠隔操作する多数のアバターとロボットを組み合わせることによって、大規模で複雑なタスクを実行するための技術を開発し、その運用等に必要な基盤を構築する。
・2030年までに、1つのタスクに対して、1人で10体以上のアバターを、アバター体の場合と同等の速度、精度で操作できる技術を開発し、その運用等に必要な基盤を構築する。

○サイバネティック・アバター生活
・2050年までに、望む人は誰でも身体的能力、認知能力及び知覚能力をトップレベルまで拡張できる技術を開発し、社会通念を踏まえた新しい生活様式を普及させる。
・2030年までに、望む人は誰でも特定のタスクに対して、身体的能力、認知能力及び知覚能力を強化できる技術を開発し、社会通念を踏まえた新しい生活様式を提案する。[*9]

興味深いのは、この目標が単なる技術的な基盤の構築だけに向かうのではなく、それに基づく人々の「生活様式」までをもデザインしようとしていることだ。もっとも、ここで「望む人は誰でも」という留保は、おそらく形骸化していくだろう。もしもサイバネティック・アバター生活が、この計画通りに実現すれば、アバターを利用しない人は社会のなかで著しい不利を被ることになり、実際にはアバターの利用を強制されることになるだろうからだ。

デジタルネイチャーの欺瞞

以上のように考えるなら、日本政府が掲げる超スマート社会の理念は、リベルランド・メタバースがそうであるのと同様に、メタバースを「もう一つの現実」として位置づけるのではなく、それによって物理空間の現実を規定しようとする発想である。

しかし、サイバネティック・アバター生活が実質的には強制として作用することが明らかであるように、物理空間と融合したメタバースは、私たちを強制から解放するものではなく、むしろ私たちにとって新しい強制として作用する。メタバースと物理空間の融合は、このような仕方で、もともとメタバースに対して私たちが抱いていた希望を、挫くことになるだろう。それによってメタバースの魅力は大きく損なわれることになるだろう。
そうであるにもかかわらず、こうした融合を肯定的に評価するのが、メディアアーティストでヒューマン・コンピューティング・インタラクションの研究者である、落合陽一である。彼は、仮想空間――彼は「仮想（virtual）」をその原義に照らし合わせて「実質」と呼ぶ――と物理空間が融合した世界を、「デジタルネイチャー」と呼ぶ。それは、「〈実質〉と〈物質〉の区別が超越され、我々の身体とつながるすべての現象が、唯一の〈現実〉として受容される」世界であり、「計算機によるヒューマンインターフェースの外部で、〈虚構〉と〈現実〉が溶け合う世界」とも言い換えられる。[*10]
ここで重要なのは、彼が仮想空間と物理空間が融合した世界を、「ネイチャー」、すなわち「自然」と呼んでいることである。一見すると、これは奇妙な言葉の選択であるように思える。物理空間において人々が暮らす世界も、仮想空間に構築されたデジタルな世界も、ともに人間の技術によって製作された人工物によって構成されている。したがって、両者が融合するのだとしても、それは決して自然にはならない。なぜ、落合はそうした世界に自然という名前を与えるのだろうか。
彼の発想の根底にあるのは、一九七三年にSF作家のアーサー・C・クラークが語ったとされる、「充分に発達した科学技術は、魔法と見分けがつかない」という言葉である。[*11]

落合によれば、科学技術が魔法であるかのように感じられるのは、それがそもそも人々に技術として意識されないからである。たとえばある現象が、技術によって引き起こされているにもかかわらず、その技術が誰からも意識されず、あたかも技術に基づくのではない形で、つまり自然に生起しているように感じられるとき、その技術は魔法のように作用するのだ。

そうであるとしたら、デジタルネイチャーとは、実際には技術によってもたらされているにもかかわらず、その技術が決して自覚されない仕方で、物理空間と仮想空間が融合した世界である、と考えることができる。それが意味しているのは、そこには設計者が存在しているにもかかわらず、物理空間と仮想空間が自然に融合してしまっているかのように見える、という事態に他ならない。したがってデジタルネイチャーは根本的に欺瞞を基礎とする世界のあり方である。

デジタルネイチャーにおいて、人々が新しい生活様式を強制されるのであるとしても、その強制はあたかも自然に生じたものであるかのように体験される。それは、地震や台風のように、私たちが受け入れざるをえない制約として理解される。しかしそこには、そうした不便を強制している主体が存在する。その主体の存在は完全に覆い隠され、不便を強制した責任は問われなくなるのである。

デジタルネイチャーという概念が示唆しているのは、物理空間と仮想空間とが融合するとき、極めて洗練された権力による統治が可能になる、ということだ。

最適解と全体主義

しかし、前述の通り、メタバースはWeb 3.0と親和的なテクノロジーであり、ブロックチェーンに支えられることで、非中央集権的な情報管理を可能にするはずではなかっただろうか。そうであるとしたら、デジタルネイチャーに基づく統治と、メタバースはいったいどのようにして両立するのだろうか。

これに対して落合は興味深い見解を示している。すなわち、「非中央集権的なシステムの介在によってオープンソースにより強く規定されるようになった市場は、その本質として全体主義的に動く[*12]」というのである。これは、全体主義に対する常識的な理解を覆す発想である。なぜなら、一般的に、全体主義は中央集権的なシステムによって実現されるものであると考えられているからだ。なぜこうした見解が可能になるのだろうか。

落合の理屈は次のようなものだ。まず、仮想通貨は「信頼関係にもとづくエコシステムを維持」するために、「トークン経済の中での全体最適」を目指す。それはあたかも「森や河川の生態系に見られるような、リソースと生物種の量に依存した互いの関係性によるエコシステム」が、自然現象を規定しているかのようである。こうした発想を発展させれば、Web 3.0 において存在する事物は、他の事物との関係によって、その全体の調和のなかで最適化される形で、価値を規定されることになる。[*13]

たとえば、管理貨幣制度においては、中央銀行が通貨の価値を規定する。もちろん中央銀行には、全体の動向を配慮することは可能だが、しかしそれを無視したり、反逆したりすることも可能である。しかし Web 3.0 における仮想通貨の価値は、それが非中央集権的に規定されるからこそ、それを特権的に規定する主体が存在せず、ただ全体との最適化によってのみ決定される。したがってそれは全体に依存するのである。ここから落合は、「オープンソースによって規定される資本主義は、全体主義的になっていく」[*14] と指摘する。

彼は、このように仮想通貨の価値が全体最適化によって規定される事態を、政治的な体制としての全体主義と同一視する。彼は、デジタルネイチャーに基づく国家は、テクノロジーによって民主主義を放棄するだろう、と予言する。

現在の民主主義下では一つのイデオロギーのもと多数決で意思決定が行われるが、そこでは必然的にマジョリティとマイノリティの区分が生まれ、マイノリティは大多数を占めるマジョリティの意見に従わなければならない。しかし、全体最適化および個別最適化の融合といった価値観を意思決定の根拠とする場合は、賛同する人間の数は問題にならない。あくまで生態系として捉えた社会全体にとって都合が良い選択肢が、個々の問題や一人一人に対して、別々に選び出されるわけだ。すべての個人は個別の最適解を持ちうる以上、標準化はあまり意味を持たず、最適解は時系列と環境によって異なる。*15

ここで言われている全体主義的特徴は、特定の政治家が独裁者として台頭し、国民が特定のイデオロギーのもとで画一化される、という政治状況ではない。Web 3.0 のシステムは非中央集権的であり、そうした独裁者の台頭は決して許されない。しかし、そこに独裁者が存在しないからこそ、人々は全体のなかで最適化された生き方を促されるのである。

ここで重要なのは、全体最適化は、人々が画一的に同じ生き方をする、ということを意味しないわけである。「社会全体にとって都合が良い選択肢が、個々の問題や一人一人に対して、別々に選び出される」のである。

たとえば医者について考えてみよう。社会には明らかに医者が必要である。しかし、医者の数が多すぎると、価格競争が起き、医者の質が低下したり、廃業に追い込まれる失業者が出たりするかも知れない。それは社会にとっては損失である。したがって、医者が何人いる状態が社会にとってもっとも有益であるのかが、シミュレーションによって算定される。そしてその数を満たすように、医者になるべき素養を持った人間が、医者になることを義務付けられ、教育を受ける。そこに職業選択の自由はない。なぜなら、重要なのは

「社会全体にとって都合が良い」ことは何か、ということであって、一人一人の人間の意向ではないからだ。

当然のことながら、それは人間にとって、ある特定の生き方を強制されることを意味する。しかし重要なのは、人間がその事態を、自分が何かに強制されている、とは感じないということだ。先ほどの例に従うなら、医者になることを強制されている人間は、自分が自然に医者になっているかのように、感じるのである。それが落合の考える、デジタルネイチャーに基づく統治なのである。

しかし、前述の通りデジタルネイチャーは、実際には技術によってもたらされているものを、あたかも技術によってもたらされていないかのように感じさせるという、欺瞞に基づく世界観である。当然のことながら、非中央集権的なシステムにも、その設計者が存在する。設計者は、たとえ独裁者のようにイデオロギーによって人々を支配するのではないのだとしても、全体に対して一定の特権的な影響力を持つことができる。それは、市民と比較したときに、非対称的な政治的権力を意味するだろう。そうであるにもかかわらず、そうした権力は存在しないかのように扱われる。したがってシステムの設計者は、自らの権力を市民からチェックされることがなく、その権力の行使に責任を負うこともない。したがってそれは事実上の独裁になる。デジタルネイチャーに基づく全体主義は、こうした独裁を阻止することが構造的にできない。ここに、落合の思想の根本的な欠陥が示されている。

自然と仮象性

以上において本章では、メタバースと物理空間の融合がどのように引き起こされるのかを、統治の観点から検討してきた。

メタバースはシミュレーションによって構成された世界だ。それによって物理空間のあり方を規定しようとすれば、当然、物理空間もまたシミュレーションによって構成されることになる。たしかに、それによって社会は全体最適化され、安定的になるかも知れない。しかしその社会を生きる人々は、絶対的な強制のもとに隷従することを余儀なくされるかも知れない。

リベルランド・メタバースを設計するシューマッハの手がける建築物が、あたかも生き物の身体を想起させるかのような、自然的な流線形でデザインされていることと、落合が物理空間と仮想空間の融合をデジタルネイチャーと呼んでいることの間には、次のような興味深い一致が見られる。すなわち、シミュレーションによって導きだされる最適解は、私たちにとって自然であるかのように体験されるのだ。そして、そうした最適化が物理空間をデザインするとき、私たちはただ一つの自然のなかに、閉じ込められるのである。

そしてそれは、少なくとも私たちが現在抱いている、メタバースへの希望を完全に失墜させるものである。私たちは、物理空間の制約から解放されるために、メタバースを求めていたのであった。しかし、物理空間を規定するように作用するメタバースは、私たちを再び物理空間へと投げ返し、それどころか、かつてないほどの強制へと私たちを服させることになる。ここから洞察されることは、メタバースが私たちの欲望に応えるものであるために、それはやはり、物理空間から切断された領域でなくてはならない、ということだ。

このことは、第三章において主題化された、アイデンティティをめぐる問題とも深くかかわっている。「私」がメタバースにおいて、あたかも本当の自分であるかのように振る舞えるのは、そこがあくまでも物理空間から隔絶された場所であり、仮象に過ぎないからだ。メタバースが物理空間を規定するようになるとき、その仮象性は失われ、「私」はそこで本当の自分を発揮することができなくなる。

だからこそ、メタバースの仮象性は取り除かれるべき欠点ではなく、むしろそれが魅力的な空間であるために確保されるべき条件である。そして、それが確保されるためには、私たちはメタバースと物理空間の間に、やはり何らかの一線を引くことができなければならない。そしてその線の根拠になるのは、物理空間にしか存在しない、「何か」なのだ。

リベルランドのイエドリチカ大統領は、「私の息子たちや、ここヨーロッパ、そして世界にいる彼らの全世代に、地球上で官僚的な書類を提出する代わりに、プライベート宇宙船で宇宙を探検してもらいたい」と語っている。それは、宇宙開発を地球という条件からの脱出として特徴づけた、『人間の条件』におけるアーレントの洞察を想起させる。しかしその宇宙船は、再び地球の重力に飲み込まれ、大気圏を突破することなく、再び自然に囚われていく運命にあるのかも知れない。

おわりに

以上において本書では、メタバースが私たちの現実をどのように変えうるのかについて、様々な角度から検討してきた。改めて、その議論の要諦を確認しておこう。

私たちがメタバースを求めるのは、それが物理空間の様々な制約から私たちを解放してくれるからである。そうした欲望が満たされるのは、メタバースが空間的な没入性をもったテクノロジーであり、私たちがそれを「もう一つの現実」として理解するからだ。ユーザーはメタバースのアバターを「もう一人の私」と見なし、物理空間とは異なった役割や属性を演じる。そうしたユーザーとアバターの同期は、身体像の拡張として説明することができる。

一方で、ユーザーたちはメタバースにおいてデジタルデータを介することでしか関わることができず、少なくとも物理空間における場合と同様な意味で、歴史性を帯びた事物を共有することで共同体を形成することができない。そのため、メタバース上に形成される共同体は、簡単に乗り換えることができ、常に過疎化の脅威にさらされたものであり続ける。

その一方で、日本政府は仮想空間と物理空間の融合を理想としている。それは両者の区別そのものを困難にするだろう。私たちは、自分がいま属している場所が、物理空間なのか、メタバースなのかを理解すること自体ができなくなるだろう。

メタバースと物理空間の融合は、そこに存在する事物の歴史性を感じることを、私たちから妨げるだろう。それによって、私たちは、共同体の成員が、同じ事物を多様な観点から眺めているというリアリティを、感じられなくなっていくだろう。その帰結として立ち現れるのは、「私」以外の世界の眺め方を許容できなくなる態度、物事に対する視点の多様性を拒絶する態度に他ならないだろう。このような仕方で、仮想空間と物理空間の融合は、ポストトゥルース的な状況を深刻化させるだろう。他方において、メタバース上のシミュレーションが物理空間を全体最適化することによって、人々は新たな政治的権力の強制に服することになるだろう。そしてその権力は不可視であり、強制力はあたかも自然であるかのように感じられるだろう。

このようにして、メタバースと物理空間の融合は、メタバースが登場する以前よりも、はるかに私たちの世界を閉塞的にしていくことになるかも知れない。九〇年代のジジェクがすでに指摘していたように、「サイバースペースは、かつてなかったような完全な閉塞状況の中に主体を閉じ込めもする」[*1]のである。

しかし、そうであるとしたら、ここには著しい逆説が示されている。そもそもメタバースは、物理空間における制約からの解放を目指したテクノロジーだった。しかしそれは、いつのまにか、私たちに新しい制約を課すものと化してしまう。私たちはもはやそこに、「もう一つの現実」を感じなくなってしまうだろう。メタバースはそうした自己否認に陥る可能性を秘めているのである。

それでは、私たちはメタバースとどのように関わるべきなのだろうか。ジジェクは、そもそも仮想空間などと関わることはやめ、物理空間へと立ち返り、そこでの生活を尊重していくべきだ、と主張する。「人間という動物は、眠り、食べ、動くというもっとも基本的な身体のリズムに自らを再び慣らさなければならない」[*2]。

しかし、これはあまりにも安直な解決策ではないだろうか。こうしたアイデアが、すでにメタバースを受け入れつつある私たちの世界にとって、説得力を持つとは思えない。私たちは、別の仕方で、メタバースをいかに受け入れる必要があるかを、考えるべきではないか。

そのヒントを探るために、少し、回り道をしてみたい。

前述の通り、メタバースは物理空間における生の制約からの解放を目指したテクノロジーだ。筆者は、この欲望に既視感を覚える。それは、古代グノーシス主義の神話である。グノーシス主義とは、二―三世紀にかけて地中海の地域を中心に流行した宗教思想として知られている。伝統的に、キリスト教の異端思想として有名だったが、統一的な原理や聖典を持たず、様々な地域の宗教と融合しながら、多元的な神話を形成している点に、大きな特徴がある。

二〇世紀の哲学者であるハンス・ヨナスは、そうした多様な神話のうちに、一つの共通する世界観を洞察した。大雑把に要約すれば、次のようなものである。

人間の魂は光の神によって創造された。それに対して、この宇宙は闇の神によって創造された。闇の神は、光の神と対立する悪しき存在である。だからこそ、闇の神に創造されたこの宇宙も、悪しき世界である。人間は、本来なら光の神に由来する存在であるにもかかわらず、闇の世界が造り出した宇宙に投げ込まれている。それは、本来なら自分が存在するべきではない場所、自分の故郷ではない場所に捨てられている、ということだ。光の神に由来する人間の魂は、本来善なるものであり、自由なものである。それに対して、闇の神が造り出したこの宇宙は、悪に満ちたものであり、必然性が支配している。

こうした、光と闇、善と悪、自由と必然性、そして魂と宇宙を二元論的に対立させる世界観が、グノーシス主義の特徴であると、ヨナスは指摘する。

物理空間の制約から解放されたいという欲望は、極めてグノーシス主義的である。そしてその場合、その欲望に応えようとするメタバースは、光の神として人間を救済する立場にある。実際、たとえば起業家の佐藤航陽はメタバースを「神の民主化[*3]」と呼んでいる。

そうであるとしたら、メタバースを求める人間の欲望は、決して、現代社会になってから初めて出現したものではない。むしろそれは、はるかに遠い昔から人類を支配する、一つの根源的な欲望に根差したものなのではないだろうか。そうした欲望の根深さを念頭に置くなら、物理空間における肉体に立ち返れ、というジジェクの指摘は、たとえ正しかったとしても、説得力を持たないだろう。人間は古代から現在に至るまで、その欲望を捨てられずにいるからである。

実際に、ヨナスはグノーシス主義の神話に秘められた世界への嫌悪は、現代においても形を変えて反復している、と指摘している。彼は、自らの師であるマルティン・ハイデガーの主著『存在と時間』のなかに、その痕跡を見いだす。同書において、ハイデガーは人間がこの世界に存在しているありさまを、「被投性（Geworfenheit）」という概念で説明した。この言葉は、「私」がこの世界に存在しているということを、この世界へと投げ入れられたという事態として説明するものである。しかしそれは、「私」がもともとは別の場所にいたということ、そうした本来あった場所から、いまこの世界へと投げ入れられてしまった、ということを、暗に示唆している。そこにあるのは、「私」が自分で選んだわけではないのに、本来自分が属するべきではない場所に連れてこられた、置き去りにされた、という感情だろう。ヨナスはそこに、ハイデガーとグノーシス主義の共通点を見いだす。そしてハイデガーを同時代の最大の哲学者として受容した二〇世紀もまた、同様に、グノーシス主義的な世界への嫌悪を、共有しているのである。

ただしヨナスは、グノーシス主義を端的なニヒリズムの思想として捉えていたわけではない。たしかにその世界観は、人間が置かれている宇宙への強烈な敵対心に満ちている。しかし彼は、その世界観が各地に存在する既存の宗教と融合し、それらを書き換えることによって形成されたことに注目する。そうした書き換え、いわば世界観の刷新が行われたのは、グノーシス主義を信じる者たちが、既存の宗教から排除されていたからだろう。そうした人々は、既存の世界観に自分を位置づけることができず、居場所を見定めることができなかったのだろう。だからこそ、そこに自分を帰属させることができるような、新しい世界観が語られたのだ。ヨナスは、ここにグノーシス主義に特有な積極性を洞察し、次のように説明する。少し長いが、そのまま引用しよう。

> 世界をあまりにも強く否定するグノーシスの内容を見れば、それでもなおグノーシスの現下の存在状況において働いている「積極的」な意志について語り得るのか、意外に感じられるかも知れない。――ところが、まさにその否定が並みのものではなく、

途方もなく攻撃的で、根底から転覆させて更新しようとする否定、まさに「革命的」な否定なのである。それは一つの固有の強力な生が存在することの証であり、一つの新しい生の力からしか発し得ないものである。すなわち、それは現実の世界の圧力に屈服した生ではなく、この世界の圧力に逆らって覚醒した生である。そこまでして世界に反対を唱え、しかもその反対の行為そのものにおいて、世界を超えるものを新たに造り出すことのできるような生は、ただそのような覚醒した生を措いては他にあり得ない。そうして新たに造り出されたものにおいては、古い世界の有効性はすでに乗り越えられてしまっている。古い世界の存在了解と原理は別のそれによって置き換えられ、古い世界の一極支配は今や新しい中心から打ち破られてしまっている。これは決して、古い世界の力を避けて、幻想と代替物からなる慰めの国へ逃げ込んでみたものの、その幻想も代替物も所詮は古い世界の存在論の地平から取ってこられたものに過ぎなかった、というような事態ではない。それはむしろ、古い世界に向かって、それとは別の自己自身に覚醒した存在から仕掛けられる攻撃なのである。──一つの新しい世界の誕生なのである。*4

ヨナスの考えるグノーシス主義の積極性とは、ある種の創造性として理解することができるだろう。その神話は、既存の世界観によっては還元されることのない「一つの新しい生の力」に由来するのであり、そしてその力は、「世界の圧力に逆らって覚醒した」のだ。したがって、グノーシス主義によって紡ぎだされた世界観は、「一つの新しい世界の誕生」として理解されるのである。

もしも、グノーシス主義的な欲望を、現代の私たちもまた何かしらの形で変えているのだとしたら、そこにはこうした生の創造性もまた、残されているのではないか。そして、メタバースをそうした創造性を開花させる形で活用することができれば、それはジジェクの言う、世界の完全な閉塞化に対する、一つの抵抗になりえるのではないだろうか。

私たちは、物理空間の制約から逃れようとして、メタバースを欲望する。しかしそこにはある種の創造性が働いている。それは、私たちが既存の世界観に還元されえない存在であること、それは別の仕方で生きることもできる存在である、ということだ。そうでなかったとしたら、私たちは、自分たちが生きている現実について違和感を抱くことも、それから逃れたいと思うことさえなかっただろう。そうした欲望を抱くからこそ、私たちはこの現実にはまだ存在しないものを、新しい何かを作り出すことができる。メタバースへの熱狂を支えているのは、私たちのうちに宿る、そうした創造性である。

ただし、そうした創造性は、必ずしもメタバースを介さなければ発揮されえないものではない。グノーシス主義の神話を構想した古代の人々には、当然のことながら、そんなテクノロジーはなかった。テクノロジーはその手段の一つでしかない。私たちは、メタバースに頼らなくても、自分が置かれている世界を、別の現実として、新しい世界として、理解することができる。

そもそもリアリティは、言語的に構造化されたものであり、自然的空間に対する潜勢的空間の投射によって構成されている。私たちが置かれている現実は、常に、「もう一つの現実」に対して開かれているのだ。メタバースは、そのことを私たちに意識させる限りにおいて、有益なテクノロジーだろう。しかし、それは同時に、メタバースがなければ現実の潜勢性を意識できなくさせるのであれば、有害だろう。そのとき私たちは、物理空間のリアリティを確定されたものとして、変更不可能なものとして理解することになるからである。

だから、私たちをメタバースへと駆り立てる欲望は、次のように修正されなければならない。たしかに、物理空間には様々な制約がある。しかし私たちにはその制約を違った仕方で理解する可能性が常に開かれている。メタバースは、その可能性を開花させる、一つのテクノロジーなのだ、と。そのように受容されるとき、メタバースは私たちを閉塞的な状況へと置くのではなく、むしろ物理空間に潜在するリアリティの豊かさに気づかせるツールとなるだろう。

そのように方向づけられたメタバースは、ポストトゥルース的な状況に対して、あるいは全体最適化の帰結としての全体主義に対して、抵抗を可能にするだろう。人間は物理空間において、世界を「もう一つの現実」として新たに理解する創造的な存在である。だからこそ、「私」から見える世界が、他者からは別の現実として見えている可能性があることを、受け入れられる。しかし、それは決して、私たちが同じ世界に生きていることを妨げるわけではない。そうした他者との関わり方とも両立する仕方で、メタバースを受容することは可能だろう。

そのために必要なのは、同じ世界に生きているということを保証する、物質的な素材で構成された事物である。メタバースはあくまでも潜勢的なものであり、いつでも「チェンジ」できるものである。そこから区別される物理空間には、簡単にはチェンジできない「何か」が存在しなければならない。筆者の考えでは、それは物質的な人工物を介した他者との関わりである。現実が潜勢的なものであり、常に別の仕方でも理解されうるということは、そうした潜勢性を束ねる物質的な事物の存在によって、はじめて他者との関係と両立するものになるのだ。

ここから導き出される、逆説的な結論を述べて、本書を終えることにしよう。私たちは、物理空間の制約から解放されるためにこそ、物理空間に存在する物質的な事物を、尊重するべきである。そうした事物から歴史を感じ取り、そうした事物を介する他者との関わりを、尊重するべきである。そうすることによってこそ、メタバースは「もう一つの現実」として開示され、そこに生きる「私」は「もう一人の私」として存在し、そしてそれが本当の自分であると感じられるようになる。そしてその感性は、物理空間の内部に広がる無限の潜勢性へと私たちを自覚させ、そこに新たな創造性を発揮することを可能にするだろう。メタバースが、そうしたテクノロジーとして、私たちの社会に受容されることは、歓迎されるべきことだろう。

あとがき

ヨルシカという日本のバンドの代表曲に、「花に亡霊」がある。この曲は二〇二〇年に発表されたアルバム『盗作』に収録された。全体を通して、激しい情動を主題とした楽曲が多いこのアルバムのなかで、その最後に位置づけられたこの曲は、ヨルシカらしい静けさと透明感を佇ませており、異彩を放っている。

この曲の主題は、記憶である。曲中では、次のような印象的な詞が綴られる。

もう忘れてしまったかな
夏の木陰に座った頃、
遠くの丘から顔出した雲があったじゃないか
君はそれを掴もうとして、馬鹿みたいに空を切った手で
僕は紙に雲一つを描いて、笑って握って見せて

忘れないように　色褪せないように
歴史に残るものが全てじゃないから

今だけ顔も失くして
言葉も全部忘れて
君は笑ってる
夏を待っている僕ら亡霊だ
心をもっと教えて
夏の匂いを教えて
浅い呼吸をする

記憶とは何だろうか。私たちは美しい景色に遭遇したとき、すぐにその景色にカメラを向け、写真に収めようとする。景色はデータに変換され、情報として記録される。そのようにして、体験に形を与え、保存しようとする。

でも、それは本当に記憶を保存したことになるのだろうか。そんなことをしても、手からすり抜けていくように、その記憶は消えていってしまうのではないだろうか。

夏の木陰に座って、遠くに移ろう雲の景色を眺めながら、二人で笑っていた時間――それは、いかなる記録にも、いかなる物体化にもからめとられることなく、ただその時間をともに過ごした二人の心のなかにしかない。その時間が過ぎ去ってしまったら、もうこの世界のどこにも、その体験は残っていない。どこを探しても、その痕跡はない。

私たちの心のなかにだけ存在し、この世界のどこにも存在しないもの。それが記憶である。そうであるとしたら、私たちの心は、この世界に存在しないものを、その内に秘めていることになる。だから記憶を抱く私たちは、「亡霊」なのである。

いつでもどこでも気軽に写真を撮ることができ、二四時間ログを取ることができる現代社会において、記憶とはいったい何なのか。この楽曲はそう問いかけてくる。

本書は、メタバースをめぐる探究の過程で、仮想空間だけではなく、物理空間における潜勢性＝バーチャル性に対しても多くの議論を費やした。私たちは、たとえ同じ世界を共有していても、その世界を違った仕方で眺めることができる。世界を別様に眺められるという潜勢性は、私たちが生きる世界の基本構造であると同時に、他者との共生を可能にする政治的な条件でもある。

少し、個人的な話をさせてほしい。

筆者は、小学生の頃に、父が勤める会社の社宅に住んでいた。その社宅には中庭があり、筆者はよくそこで友達と遊んでいた。サッカーをやることもあれば、ただ意味もなく走り回ったり、高いところから飛び降りたりすることもあった。金属製の壁にボールがぶつかるときの、バーンという大きな音を、今でも鮮明に思い出すことができる。

しかしその社宅は、筆者が引っ越したしばらく後に取り壊され、更地になった。それから、その場所には建売住宅のエリアが建造された。いま、その場所を訪れても、筆者の記憶と結びつく建物は、何一つとして残っていない。

かつて社宅があったその場所を前にしたとき、筆者はとても寂しい気持ちになる。なぜ寂しいのだろうか。たぶんそれは、筆者の記憶に対応するものが、この世界に存在しないからだ。もしも筆者がその記憶を失ってしまったら、筆者がかつてこの場所で暮らしていたという事実自体が、この世界から失われてしまうかのように感じるからだ。

それはまるで、自分が世界との接点を失ってしまったかのような感覚だ。あるいはそれが、記憶の持つ亡霊的な性格なのかも知れない。

しかし、筆者にとってはそうした寂寥を感じさせる場所も、その建売住宅を購入し、新たな生活を始めた人にとっては、まったく違ったように見えているのだろう。その家を買うために、その人は途方もない時間をかけ、多くの希望を抱き、多くのことを諦めて、今に至っているのだろう。その人にとってこの場所は、安心して自分が帰属することのできる故郷であり、あるいは、新しい挑戦が始まる冒険の地なのだろう。筆者の寂寥を、誰も知りえないように、筆者もまた、そこに住む人々の気持ちを、知る由もない。

しかし、それでも私たちは同じ世界に生きているのだ。その世界を、どれほど違った仕方で眺めているのだとしても、それは私たちが同じ世界に生きているという事実と、完全に両立するのだ。逆に言えば、私たちは同じ世界に住まいながら、その世界を別でもありえる形で眺めることができる。それが物理空間の潜勢性の意味に他ならない。

本書は、仮想空間に対する物理空間の特異性として、物質によって構成された人工物の存在、およびそれによる歴史的証言力を挙げた。そうした歴史を介在させることが、政治的な公共性の基礎である。しかしそれは、そうした人工物に対する私たちの記憶の潜勢性を否定するものではない。むしろ記憶はどうあっても潜勢的なものだ。その潜勢性が失われるとき、私たちは全体主義へと陥る。


本書は、講談社が発行する文芸誌『群像』において、二〇二三年六月から二〇二四年三月にかけて連載された「メタバース現象考　ここではないどこかへ」という論考を書籍化したものである。ただし、本書の内容には連載当時から大幅な加筆修正を施している。

講談社の北村文乃氏には、連載時の編集をご担当いただいた。北村氏に面倒を見ていただくのは、「スマートな悪　技術と暴力について」に続き、二回目のことである。また、本書の編集をご担当いただいた中谷洋基氏には、連載時の内容を大幅に修正しようとする筆者の無茶をご了承いただき、大変な忍耐を発揮して原稿をお待ちいただいた。お二人にご助力いただいたことは、筆者にとって大変に幸甚なことであった。

加えて、本書において引用された一部の英語文献の翻訳について、黒木詩織氏から有益なご助言をいただいた。さらに、本書の構想段階において、久保彩氏にお招きいただき、株式会社flier の提供するサービス「flier book labo」に参加できたことは、議論を成熟させるうえで大いに役立った。記してお礼を申し上げたい。

私たちは誰もが「亡霊」だ。他人の心のなかに何があるかなんて、誰にも分からない。決して触れることも、近づくこともできないものを抱えて、私たちはこの世界にともに生きている。そんなことを意識することもなく、私たちの日常は形作られている。

考えてみれば、それはとても不思議なことではないだろうか。神秘的なことでさえあるのではないだろうか。メタバースについて考えることは、あるいは、そのようにして私たちの生きる世界に、新しい光を投げかけるものなのかも知れない。読者にとって、本書がその一助になることができたら、著者としてこれ以上の喜びはない。

二〇二四年九月

戸谷洋志

註

はじめに

＊1 内閣府「経済財政運営と改革の基本方針2022」二〇二二年、https://www5.cao.go.jp/keizai-shimon/kaigi/cabinet/honebuto/2022/2022_basicpolicies_ja.pdf（二〇二四年五月一六日閲覧）

＊2 総務省「情報通信白書令和4年版」二〇二二年、https://www.soumu.go.jp/johotsusintokei/whitepaper/ja/r04/pdf/n3600000.pdf（二〇二四年五月一六日閲覧）

＊3 ジョン・ハンケ「メタバースはディストピアの悪夢です。より良い現実の構築に焦点を当てましょう。」NIANTIC、二〇二一年八月一〇日、https://nianticlabs.com/news/real-world-metaverse?hl=ja（二〇二四年五月一六日閲覧）

＊4 WIRED「本物のメタバースはARの世界で実現される：ジョン・ハンケが語る『リアルメタバース』の未来」二〇二二年一月八日、https://wired.jp/membership/2022/01/08/john-hanke-niantic-augmented-reality-real-metaverse/（二〇二四年五月一六日閲覧）

＊5 Connie Loizos, Marc Andreessen: audio will be ‘titanically important’ and VR will be ‘1,000’ times bigger than AR, 2019/1/5, https://techcrunch.com/2019/01/05/marc-andreessen-audio-will-be-titanically-important-and-vr-will-be-1000-times-bigger-than-ar/（二〇二四年五月一六日閲覧）

＊6 加藤直人『メタバース：さよならアトムの時代』集英社、二〇二二年、五六頁

＊7 ハンナ・アレント『人間の条件』志水速雄訳、筑摩書房、一九九四年、九‐一〇頁

＊8 同書、一〇‐一一頁

第1章

＊1 Meta, Meta Horizon Worlds, https://horizon.meta.com/?locale=en_US（二〇二四年五月一六日閲覧）

＊2 渋谷5Gエンターテイメントプロジェクト「バーチャル渋谷」二〇二〇年、https://vcity.au5g.jp/shibuya（二〇二四年五月一六日閲覧）

＊3 Creator Zine「NTTデータグループのクニエ、『メタバース事業化診断サービス』を開始」二〇二三年二月八日、https://creatorzine.jp/news/detail/3973（二〇二四年五月一六日閲覧）

＊4 日本経済新聞「メタバース専用保険 あいおいニッセイ、情報流出を補償」二〇二三年二月六日、https://www.nikkei.com/article/DGKKZO68213400W3A200C2NN1000/（二〇二四年五月一六日閲覧）

＊5 鳥取県「メタバース課」二〇二二年、https://www.pref.tottori.lg.jp/309184.htm（二〇二四年五月一六日閲覧）

＊6 内閣府「デジタル田園都市国家構想基本方針」二〇二二年、https://www.cas.go.jp/jp/seisaku/digital_denen/pdf/20220607_honbun.pdf（二〇二四年五月一六日閲覧）

＊7 内閣官房デジタル田園都市国家構想実現会議事務局「デジタル田園都市国家構想」二〇二二年、https://www.cas.go.jp/jp/seisaku/digitaldenen/menubook/2022_

summer/0095.html（二〇二四年五月一六日閲覧）

＊8　同文書

＊9　株式会社 往来『アバターワーク：メタバースが生み出す時間、場所、身体から解放された働き方』エムディエヌコーポレーション、二〇二二年、一三五頁

＊10　バーチャル美少女ねむ『メタバース進化論：仮想現実の荒野に芽吹く「解放」と「創造」の新世界』技術評論社、二〇二二年、三一－三二頁

＊11　Matthew Ball, The Metaverse: What It Is, Where to Find it, and Who Will Build It, 2020/1/13, https://www.matthewball.co/all/themetaverse（二〇二四年五月一六日閲覧）

＊12　アントナン・アルトー『演劇とその分身』鈴木創士訳、河出書房新社、二〇一九年、七七頁

＊13　加藤直人『メタバース：さよならアトムの時代』集英社、二〇二二年、一七一－一七二頁

＊14　Ivan E. Sutherland, The Ultimate Display, *Proceedings of IFIP Congress*, 1965, pp. 506-508, https://worrydream.com/refs/Sutherland_1965_-_The_Ultimate_Display.pdf（二〇二四年五月一六日閲覧）

第2章

＊1　三宅陽一郎「メタバースによる人の意識の変容」『現代思想』青土社、二〇二二年九月号、二〇二二年、二〇－四四頁、二二頁

＊2　ルネ・デカルト『省察　情念論』井上庄七・森啓・野田又夫訳、中央公論新社、二〇〇

二年、二六頁
＊3　デイヴィッド・J・チャーマーズ『リアリティ＋（上）：バーチャル世界をめぐる哲学の挑戦』高橋則明訳、NHK出版、二〇二三年、五四頁
＊4　同書一八一－一八二頁
＊5　同書一八四頁
＊6　バーチャル美少女ねむ『メタバース進化論：仮想現実の荒野に芽吹く「解放」と「創造」の新世界』技術評論社、二〇二二年、二一七、二二七、二三二頁
＊7　ジャック・ラカン『フロイトの技法論　下』ジャック＝アラン・ミレール編、小出浩之他訳、岩波書店、一九九一年、二四頁
＊8　ジャン・ボードリヤール『シミュラークルとシミュレーション』竹原あき子訳、法政大学出版局、二〇〇八年、三一頁

第3章

＊1　加藤直人『メタバース：さよならアトムの時代』集英社、二〇二二年、五六頁
＊2　難波優輝「メタバースは「いき」か？：やましさの美学」『現代思想』青土社、二〇二二年九月号、七六－八五頁、七六頁
＊3　同書七六－八五頁、七七頁
＊4　同書七六－八五頁、七七頁
＊5　同書七六－八五頁、七七頁
＊6　同書七六－八五頁、七九頁

＊7　同書七六‐八五頁、八〇頁
＊8　バーチャル美少女ねむ『メタバース進化論：仮想現実の荒野に芽吹く「解放」と「創造」の新世界』技術評論社、二〇二二年、一九四頁
＊9　同書一九七‐一九八頁
＊10　平野啓一郎『私とは何か：「個人」から「分人」へ』講談社、二〇一二年、一九‐二〇頁
＊11　同書六頁
＊12　同書七頁
＊13　同書八頁
＊14　シェリー・タークル『接続された心：インターネット時代のアイデンティティ』日暮雅通訳、早川書房、一九九八年、三五七頁
＊15　同書二四八頁
＊16　スラヴォイ・ジジェク「サイバー・スペース、あるいは存在の耐えられない閉塞①」鈴木英明訳『批評空間』太田出版、第Ⅱ期第一五号、一九九七年、八〇‐九九頁、九三頁
＊17　同書、八〇‐九九頁、九四頁
＊18　同書八一頁

第4章

＊1　デイヴィッド・J・チャーマーズ『リアリティ＋（上）：バーチャル世界をめぐる哲学の挑戦』高橋則明訳、NHK出版、二〇二三年、三三八‐三三九頁

＊2　バーチャル美少女ねむ『メタバース進化論：仮想現実の荒野に芽吹く「解放」と「創造」の新世界』技術評論社、二〇二二年、一七三頁

＊3　同書一七五頁

＊4　シェリー・タークル『接続された心：インターネット時代のアイデンティティ』日暮雅通訳、早川書房、一九九八年、二八六－二八七頁

＊5　同書二八三頁

＊6　デイヴィッド・J・チャーマーズ『リアリティ＋（下）：バーチャル世界をめぐる哲学の挑戦』高橋則明訳、NHK出版、二〇二三年、一五六頁

＊7　近藤銀河「物質となるメタバースと、その不自由：メタバース内外を行き来する身体と空間から考えるジェンダーと政治」『現代思想』青土社、二〇二二年九月号、二〇二二年、四五－五五頁、五二頁

＊8　同書五二頁

＊9　社会学者の曺美庚によれば、自分と同性間で「手をつなぐ行為」や「腕を組む行為」の許容度について、日本人大学生を対象に調査した結果、男子学生よりも女子学生の方が許容度が高かったという。曺美庚「スキンシップ許容度とコミュニケーション距離：日本人大学生の分析結果を中心に」『言語文化論究』九州大学、二三号、二〇〇八年、四三－六一頁

＊10　Liudmila Bredikhina and Agnès Giard, Becoming a Virtual Cutie: Digital Cross-Dressing in Japan, in: *Convergence Convergence The International Journal of Research into New Media Technologies*, 28(2), 2022, pp. 1-19, p. 15

＊11　松浦優「メタファーとしての美少女：アニメーション的な誤配によるジェンダー・トラブル」『現代思想』青土社、二〇二二年九月号、二〇二二年、六三‐七五頁

第5章

＊1　バーチャル美少女ねむ『メタバース進化論：仮想現実の荒野に芽吹く「解放」と「創造」の新世界』技術評論社、二〇二二年、二九〇頁
＊2　同書二九八頁
＊3　同書二九〇‐二九一頁
＊4　ルネ・デカルト『省察　情念論』井上庄七・森啓・野田又夫訳、中央公論新社、二〇〇二年、一一四‐一一五頁
＊5　同書一一四頁
＊6　同書一二五頁
＊7　同書一一六‐一一七頁
＊8　モーリス・メルロ＝ポンティ『知覚の現象学』中島盛夫訳、法政大学出版局、一九八二年、一四九頁
＊9　同書一七七頁
＊10　同書一九七頁
＊11　同書二四六‐二四七頁
＊12　Julian Dibbel「サイバースペースにおけるレイプ：邪悪な道化師、ハイチのぺてん師の霊、2人の魔法使い、そして数十人の役者たちがデータベースを社会に転じた経緯（前

編）」木實新一訳『bit』共立出版、一九九八年三月号、一九九八年、二九−三六頁

第6章

＊1　スラヴォイ・ジジェク「サイバー・スペース、あるいは存在の耐えられない閉塞①」鈴木英明訳『批評空間』太田出版、第II期第一五号、一九九七年、八〇−九九頁、八八頁

＊2　同書八〇−九九頁、九〇−九一頁

＊3　ポール・ヴィリリオ『電脳世界：最悪のシナリオへの対応』本間邦雄訳、産業図書、一九九八年、四七頁

＊4　同書四七−四八頁

＊5　同書四九−五〇頁

＊6　ハンナ・アレント『人間の条件』志水速雄訳、筑摩書房、一九九四年、八六頁

＊7　同書七八−七九頁

＊8　同書一五〇−一五一頁

第7章

＊1　ハンナ・アレント『人間の条件』志水速雄訳、筑摩書房、一九九四年、一四九−一五〇頁

＊2　同書二二七頁

＊3　ヴァルター・ベンヤミン『ベンヤミン・コレクション　1　近代の意味』浅井健二郎編訳・久保哲司訳、筑摩書房、一九九五年、五八八頁

＊4　同書五八九頁

＊5　同書五八九－五九〇頁

＊6　同書五九三頁

＊7　ハンナ・アレント『人間の条件』志水速雄訳、筑摩書房、一九九四年、三三四頁

＊8　同書三三四頁

第8章

＊1　パトリック・シューマッハ「パラメトリシズム：ザ・ネクスト・ディケード」中田雅章訳『a+u』エー・アンド・ユー、二〇二〇年四月号、二〇二〇年、四〇－四七頁

＊2　Patrik Schumacher, The metaverse as opportunity for architecture and society: design drivers, core competencies, *Architectural Intelligence*, 2022, 1:11, pp. 1-20, p. 14

＊3　同右 pp. 1-20, p. 14

＊4　同右 pp. 1-20, p. 13

＊5　FREE REPUBLIC OF LIBERLAND, BROCHURE, 2020, https://liberland.org/assets/documents/brochure.pdf,（二〇二四年五月一六日閲覧）

＊6　Jon Radoff, *The Metaverse Value-Chain*, 2021, https://medium.com/building-the-metaverse/the-metaverse-value-chain-afcf9e09e3a7,（二〇二四年五月一六日閲覧）

＊7　吉武祐「自由なる『国家』リベルランドって？ バルカン半島に建国」朝日新聞デジタル二〇一八年七月四日、https://asahi.com/articles/ASL6Y3CDWL6YUHBI00X.html?pn=6&unlock=1#continuehere（二〇二四年五月一六日閲覧）

＊8　内閣府「第5期科学技術基本計画」二〇一六年、https://www8.cao.go.jp/cstp/kihonkeikaku/5honbun.pdf（二〇二四年五月一六日閲覧）、一一頁

＊9　内閣府「ムーンショット目標1：2050年までに、人が身体、脳、空間、時間の制約から解放された社会を実現」二〇二〇年、https://www8.cao.go.jp/cstp/moonshot/sub1.html（二〇二四年五月一六日閲覧）

＊10　落合陽一『デジタルネイチャー：生態系を為す汎神化した計算機による侘と寂』PLANETS/第二次惑星開発委員会、二〇一八年、二五六頁

＊11　落合陽一『魔法の世紀』PLANETS、二〇一五年、一二頁

＊12　落合陽一『デジタルネイチャー：生態系を為す汎神化した計算機による侘と寂』PLANETS/第二次惑星開発委員会、二〇一八年、一四五頁

＊13　同書一四六頁

＊14　同書一四七頁

＊15　同書一四七－一四八頁

おわりに

＊1　スラヴォイ・ジジェク「サイバー・スペース、あるいは存在の耐えられない閉塞（承前）」鈴木英明訳『批評空間』太田出版、第Ⅱ期第一六号、一九九八年、七六－九四頁、九〇頁

＊2　スラヴォイ・ジジェク「サイバー・スペース、あるいは存在の耐えられない閉塞①」鈴木英明訳『批評空間』太田出版、第Ⅱ期第一五号、一九九七年、八〇－九九頁、九一頁

＊3　佐藤航陽『世界2・0：メタバースの歩き方と創り方』幻冬舎、二〇二二年、六七頁
＊4　ハンス・ヨナス『グノーシスと古代末期の精神：第一部　神話論的グノーシス』大貫隆訳、ぷねうま舎、二〇一五年、七五頁

装幀＝川名潤

初出　「群像」２０２３年７月号〜２０２４年４月号
単行本化に際し、大幅に加筆、修正いたしました。

戸谷洋志（とや・ひろし）

１９８８年東京都生まれ。立命館大学大学院先端総合学術研究科准教授。法政大学文学部哲学科卒業後、大阪大学大学院文学研究科博士課程修了。博士（文学）。専門は哲学、倫理学。ドイツ現代思想研究を起点に、社会におけるテクノロジーをめぐる倫理のあり方を探究する傍ら、「哲学カフェ」の実践などを通じて、社会に開かれた対話の場を提案している。２０１５年に論文「原子力をめぐる哲学　ドイツ現代思想を中心に」で第31回暁烏敏賞を、２０２１年に『原子力の哲学』で第41回エネルギーフォーラム賞優秀賞を受賞。著書に、『Jポップで考える哲学　自分を問い直すための15曲』『ハンス・ヨナスの哲学』『ハンス・ヨナス 未来への責任　やがて来たる子どもたちのための倫理学』『スマートな悪　技術と暴力について』『未来倫理』『友情を哲学する　七人の哲学者たちの友情観』『ＳＮＳの哲学　リアルとオンラインのあいだ』『親ガチャの哲学』『哲学のはじまり』『恋愛の哲学』『生きることは頼ること　「自己責任」から「弱い責任」へ』など多数。

メタバースの哲学《てつがく》

2024年9月24日　第1刷発行

著者　戸《と》谷《や》洋《ひろ》志《し》

発行者　篠木和久

発行所　株式会社講談社
〒112-8001
東京都文京区音羽2-12-21
電話　出版　03-5395-3504
　　　販売　03-5395-5817
　　　業務　03-5395-3615

印刷所　TOPPAN株式会社

製本所　株式会社国宝社

Printed in Japan, ISBN 978-4-06-536357-7
N.D.C. 100　236p　19cm

戸谷洋志の好評既刊

Jポップで考える哲学

自分を問い直すための15曲

なぜ「会いたくて震える」のか？　「自分らしさの檻」って何？　Ｊポップは、しばしば「自分」や「愛」「人生」をテーマとし、その歌詞は、シンプルであるがゆえに我々の胸に響く。一方、複雑な事象の本質を突き止め、露わにして見せようとするのが哲学ならば、両者は密かに同じ企みを担っているとは言えまいか。Ｊポップの名曲を題材に誘う、哲学入門！

講談社文庫
ISBN：978-4-06-293489-3　定価：792円

スマートな悪

技術と暴力について

スマートさとは、余計なものや苦痛を排除し、すべてを「合理的に最適化」する「賢さ」である。そうした思考／志向に駆り立てられ、突き詰めた果てに立ち現れる「悪」は現代人にとって必然なのか？
マルティン・ハイデガー、ハンナ・アーレント、ギュンター・アンダース、イヴァン・イリイチらの思想を手掛かりに、システムの支配からの自由を求め、「別の答え」を模索する哲学的試み。

単行本
ISBN：978-4-06-527682-2　定価：1540円